广州

城事百年

不妨长作岭南人

周松芳 编

古吴轩出版社

“城事百年”丛书，讲述老城市们的老、旧和曾经的年青、曾经的新、曾经的风姿绰约，以及新老交替间的悲欢离合、人文变迁、社会变革。

历史是活着的记忆。

感谢百年前一批又一批知名或不知名的作家、学者、记者、居民、游客等，正是他们的遇见、感动，才给今天的我们留下宝贵的文化遗存和历史的五味杂陈。

因为他们的讲述，老城市们复活了，繁华的街道、逝去的风景回来了，我们的感怀饱满了。

前　言

周松芳

晚清以降，广州最醒目的标签，非“吃在广州”莫属，事实上，起于明代的“少不入广”，在很长时间里，远比“吃在广州”闻名。文献所见，“少不入广”的最早出处，当属江左樵子（一说陆应旸）清初编辑的《樵史通俗演义》，第十四回说萧惟中不愿去广东做守备官，陈辞曰：“……况且少不入广，赊上一身广货怎么好？”这“广货”，当指“梅毒”。徐朔方教授曾在《文学遗产》发表论文《汤显祖与梅毒》，说戏剧家汤显祖南贬徐闻，行经广州，耽于声色，惹上梅毒，成为其早逝的重要原因之一。

此后，这一名谚的记述便层见叠出。其最著者莫如沈复《浮生六记·浪游记快》记述其乾隆五十九年（1794）在广州，偕游沙面妓寨，初试粤帮妓艇，隔于言语风俗，甚不得意，曰：“‘少不入广’者，以其销魂耳，若此野妆蛮语，谁为动心哉？”直至登得扬帮妓艇，觅得颇似其妻芸娘的雏妓喜儿，尤其是入得喜儿“闺房”，四顾回环：“宛如斗室，旁一长榻，几案俱备。揭帘再进，即在头舱之顶，床亦旁设，中间方窗嵌以玻璃，不火而光满一室，盖对船之灯光也。衾帐镜奁，颇极华美。”再推窗瞻望：“三面皆设短栏，一轮明月，水阔天空。纵横如乱叶浮水者，酒船也；闪烁如繁星列天者，酒船之灯也；更有小艇梳织往来，笙歌弦索之声杂以长潮之沸，令人情为之移。”终于领略到“少不入广”的真谛——“当在斯矣”！

方此之际，文献之中，尚无有提及“食在广州”之谚。但渐渐地，羊城风月，较沪上稍歇，而“食在广州”，则日趋鼎盛，尤其在沪上。笔者近年肆力岭南饮食文献研究，依笔者浅见，“食在广州”名谚之兴，实在是晚近以来的事，尤其是上海开埠之后，粤人逐鹿上海，大为时人侧目，“食在广州”也借由沪上发达的传媒而肇兴，尤其是北伐胜利之后，风头一时无两，由此定格人心；民国“食品大王”冼冠生亲撰的《广州菜点之研究》，指出广州菜乃博采众长而成，适足为拙论的佐证。

所以，本书所选文章，在关于广州宏观印象之后，便首风月而次饮食；事实上，宏观印象的文章，也几乎均涉笔这两个方面。“宏观”未必能真“宏”，其实只不过盲人摸象，触及其中一面而已，然合而观之，亦庶几近之，故所选篇目虽多，实能避重复，且于某些风物描写，不用另选专门篇章；于饮食，于风月，均所选多篇，亦可作如是观。所选篇目，先按类别，再按年代先后排列，也更见出其变迁盛衰之迹。其中既有“客人”的观察，也有“土著”的体会。

广州两千多年来一直保持对外开放，几未中断，特别是明清两代，更是长期一口通商，交接东西二洋，进一步地移民海外，因之向来被外人目为开放的急先锋，殊不知也有其非常保守的一面，故陈序经教授说：“广东是新文化先锋队，也是旧文化的保留所。”这在广州人的岁时节俗甚至日常“迷信”等等中，在在可见。所以，广州的民情风俗，与外界的一般印象和想象，常有大异其趣之处。

广州的民情风俗，最富地域特色的，当属水上“疍民”。关于疍民研究，著名学者罗香林和伍锐麟都有专门的研究著作，但我们还是选择了具有可读性报刊文章，而且还选了好几篇。要知道，晚近以来，有两个著名的疍家人物，简直是家喻户晓。一是袁崇焕。梁启超在《袁崇焕传》中说：“吾粤崎岖岭表，数千年间，与中原之关系甚浅薄。若夫以一身之言动进退，关系国家之安危、民族之隆替者，自古未始有之。有之，则袁崇焕其人也。”据陈序经教授及耶鲁大学萧凤教授的研究，他即出身疍民之家，后占籍广西藤县得中进士；其后来为国干城所赖以从故乡招募的子弟兵，大半也是疍民，“丢那妈，顶硬上”，这句始自疍民的粤谚，也成为他的部队的“冲锋号”。另一是冼星海。冼星海从来不以出身疍民为讳。他还将疍民最著名的民歌《顶硬上》谱曲演唱，自署作曲人，作词人则径署其母黄苏英，自豪之情，沛然可见。此后，无论何时何处，演唱此曲，第一遍必用广州话，寄情之深，溢于言表。其实，《黄河大合唱》与《民族解放交响曲》的内在精神与韵律于此也若脉可寻。那我们再回过头看时人对于广州疍民生活的观察和记录，就别有意味了。同时，更选了与此相关的，关于广州特有的文学式样——粤讴——的文章，即许地山先生的《粤讴在文学上之地位》，从中可以见出粤讴是如何令人心折。

此外，入选的这些文章，大多数是普通读者甚至专业研究人员所未经见或不曾注意到。如邵潭秋教授的《岭海从来属汉家》，表面上杂记羊城风物，而不经意所及之旧雨新知的往来唱和，文采风流，实为动人，既见出他当年何以赢得“乃知后者大有人，在当缩手悬眼以俟之”的一面，也见出广州的文化底蕴之一面。

近现代以来，世事白云苍狗，广州的形象面貌，一直处在大的变化之中，如何一编在手，既见出广州的不变的特质，也见出其新变后的面貌，委实不易，然也勉力以为。本册所选文章，努力持客观公允立场，以见出那个时代广州的真实风貌。时人对广州有赞有弹，一致称赞的，除了广州的吃，则是广州完全靠自力更生的城市现代化建设；咸谓上海、汉口等租界以外的市政建设，远不能与广州比肩。对广州的活泼进取的民性观察，及其之所以成为革命策源地的联系，也差不多是众口一词，洵为广州之光。对广州人的迷信和好赌，则几乎是一致批评。

最后需要说明的是，鉴于民国年代，现代汉语语法尚未成熟，一些语词、标点用法与时下颇异，以今衡之，堪称明显错误；再有或由于编辑校对原因出现的一些明显的错讹。凡此，为了不影响阅读，均予酌改。

2018 年国庆节于广州康乐园

目　录

第二编　独特民性

第三编　无边风月

第一编

南国乐园

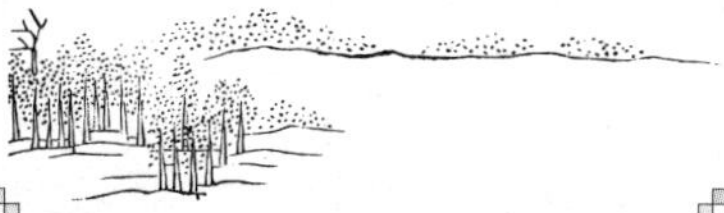

崇　瑶：
无论在什么地方找不出一个乞丐

讲述人生平不详。

我在上月偕同几位朋友在匆忙中离开上海，经了七日的海洋上生活，才到了广州，我们久仰着的南国，憧憬着的革命发源地。

一离开上海，什么都觉得不便当，尤其是言语，虽然我不是上海人；路上经过厦门、汕头、香港等处，我们吃了不少的亏。

终于目的地到了，所以大家都感到兴奋与快乐，那是在一日的上午正九时。经了一阵的接洽，我们住定在河南机器总工会。

首先第一个印象映入我们眼帘的，便是广东人组织能力的表现。大规模的工会中的各项井井有条，各部分工作，如印刷厂、夜校、剧社、娱乐等等，在在使得我们满意。其次便是有秩序的精神，这是由各方面见到的，比如坐船渡海、上车下车等，随时可使你如此感觉到。

原来广州是分做两部分，一面叫河南，一面叫河北，这是因了珠江经过，所以划为两部了。河南到河北，是有小船可坐，或坐电船（上海叫汽艇）亦可。前者是铜元一枚，后者三枚。上下船是有一定的，下岸的人未完全登岸时，上船的人都不得入船。这种秩序很好，行时绝不拥挤，也不像上海的争先拥后。买票也是一样，我每天跑来跑去，至少七八次，从来没有见过一回吵闹争斗的事。

就以我们坐船而论，如果在上海，你陌生人一定会吃亏而被敲竹杠的，但是在广州我们叫了好几次的船，讲定的价钱就是了，一点没有敲竹杠，并且什么搬东西等都在内，一点也不啰唆讨厌，敲竹杠的地方实在很少。

在广州市政本来有名的，所以关于其他市政方面的，这儿不多谈。不过马路实在是宽、大、多，处处都是柏油路，有名的便是永汉路等，那也是热闹的中心区域。其次如长堤马路，就在江边，先施公司及大新公司，同样像上海的高楼一般高耸竖立着。那红绿的电灯、熙攘的人们、热闹的店铺，正与我们置身上海无异，除了所讲的话听不懂而外。

那最使你奇异同时也使你永不会忘记的，便是无论在什么地方找不出一个乞丐。绝对找不到像上海这样多要钱的叫花子。这一点不能不推他们办理市政者良好的结果。嗣后我们到社会局参观，那位伍局长亲自出来接见，很客气地告诉了我们许多的事情，原来他们办有救济所，街上一切游民，无论男女老幼等都一齐弄进去，教养并做工。现在设有好几处，收容了六七千人，因为时间关系，我们未去看。此外又有平民教养院等也似乎一类的性质。他们办了一

城外大新公司　摄于 1920 年代

种说是别处没有的“婚姻注册”，为的是保证合法婚姻起见。章程上订有凡婚姻注册者得借该局大礼堂为礼堂，所以我们看见了许多结婚伴侣的相片高挂在四壁上，起先我们还莫名其妙哩。

复次是交通方面，最通行的便是公共汽车了，据工会里说有十一路，每天有一百多辆来往。广州的道路既好，而车子又好，所以行驶很安适，我们由仓边街到黄花岗，那是乡下了，离城很远，然而时间却很快，比上海租界里的公共汽车还要舒服，上海华界的真是望尘莫及了。车资呢，不论远近都是一角，并不像上海那样的麻烦费事；停车站是没有的，随时随地都可上下车，方便之至。电车没有，轨道是安好的，据说是营业不振不开行了，但我们也没有问得真相。其他的就是黄包车了，车子都较上海好。我们很少坐它，因为第一言语不懂，第二在马路上游荡也正是我们乐愿的。

在每条马路上，除了立在路中心指示来往车辆的警察外，还有一种警察，每隔一条就有的。前者是交通警，专门指示路线等的；后者是学警，是经过了两年的训练所学习方出来担任的，管理巡查路上一切事件，我们每当找不到路的时候，便去问他们，有的能够说普通话，有的不能，大都很客气地向我们指示。

关于娱乐方面，有很多的公园，如中央、中山、海珠等。规模大的便是中央，我们一疲乏时便常去里面休息。内中有运动的地方，有游玩的地方，有放音机二座，有时放音乐，有时放名人讲演，我们第一次听便在放送总理演讲哩！有的讲广东话，由朋友们翻译给我们听，觉得格外有趣。由中央公园左边出来向左走，便是所谓观音山了。山上正在造总理纪念塔，山下在造总理纪念堂，都是很伟大的工程。我们慢慢走上去，又去看了那陈炯明反叛时放的炮。山左面有博物院，听说没有开放，我们便未曾去。其他黄花岗、白云山、荔枝湾都是很好玩的地方。再其次便是那伟大的茶楼了，在别处是很少看见的，每条路上都有高高的大洋房的茶楼，有的七楼，有的六楼，布置与设备及价目与层数合成正比例，愈高愈贵，大概每楼逐加一分。有的也有说书的。大概他们商量什么事情都在这里面了。我们好奇地玩了几次，觉得很适意，尤其是那随时可买的广东特有的名点心等。据说上海北四川路也有，不过规模不大罢了。在河南我们常见到利发公司，那是赌所；在广东赌是公开的，便由这个公司包办，所以处处见到这个公司。又有什么禁烟公所等，听说这种收入算是最大的哩。至于戏方面以影戏为最多，广东戏次之。我们吃饭就不得了，有一次我们十几个朋友尚未吃饱便已花去了十几元，其他小吃等也要捐。

此外到处都触入你眼帘的，便是所谓彩票了，什么即日开奖头彩两万元等随时随地都可见到，似乎这般店铺也比较的多，似乎也很兴盛，只可怜了平民辛苦积下来的血汗，却都送在里面去了。

最近广州有几样大的工程，如自动电话的装置、自来水的改良以及渡海的铁桥，都是很伟大的。铁桥还只造好一半，在三月里也许可成功了，那么河南河北的交通便利不少，现在河北最热闹，河南正逐渐在修道路，改良一切，铁桥筑成后，那繁盛是指日可达了。

最后，广东人待人的诚挚及他们那种吃苦耐劳的精神，处处都很使我们佩服而钦敬。

一九三一年二月十八日　上海

（《生活》一九三一年第六卷第十五、十六期，原题《游广州》）

吉：
繁华的商业，完全出于国人自营

讲述人生平不详。

到了广州有二十多天，繁华的商业，虽亚于上海、香港，可是并非得到外人一丝一毫的助力，完全出于国人自营，真是大可替广州自豪了。

“食在广州”，所以广州的酒楼茶店，特别来得多。可是广州人请吃饭叫作“饮茶”，茶店兼卖饭食。吃有两种：“小吃”，只在茶楼里饮茶吃饭，至多花四毫钱，已是很够了；“大吃”，那便是原桌的菜席，那至少非二三十元不办。

一切的进出，完全毫洋，而且只有广东双角子，正面是中山先生的小像，反面是双穗嘉禾，一块钱便是五个角子。如果用港洋和大洋，那就得照市价伸缩；现在的市面，一块港洋抵十三毫左右，一块大洋抵十一毫左右。要是到香港，那么市面上只用港洋和港毫，只有大洋的人，便须先在兑换店兑换了港洋方可使用。所以香港的兑换店，也就特别多了。

广州最时行“宵夜”。这“宵夜”并不是上海人冬天在广东店叫来的一只炭盆几碟生鱼的宵夜，却是随便小吃的称谓。更有的在晚上十一二点钟吃二三十元的酒席，也叫宵夜。“食在广州”，亦可见广州人对于“吃”的厉害了。

广州人不但重吃，并且重娱乐。在六点钟晚饭之后，十一点钟宵夜未上市之前，便要紧看大戏（粤戏）和映画（影戏）。在广州的大戏馆，现在顶有名的便是长堤的海珠戏院。有名的戏班，如果到广州，便以一到海珠为荣。粤班之觉先声（薛觉先）即在沪之章非所组织，配角有花旦骚韵兰、生角陈锦棠林坤山等。特等海珠位售价三元。日月星、人寿年、京班之梅兰芳、歌舞班之梅花歌舞团，皆曾在此出演。其次便是太平戏院（张慧冲魔术曾在此出演）和河南戏院。映画院更多至不可胜数，近来更争先恐后地装置有声机械，其已将有声的有中华、新国民、模范、明珠、永汉、南关等六院，所映声片，以中华、永汉、明珠为佳。无声画院多至八家，映片多是国产。所以有声画院的营业，也就更见真产了。

广州的报纸，多至二十余家。消息的来源，除了专电探访，也常登申、港各报的材料。销路较大的有《国华》《民国》《公评》等三家。《国华》编制颇新，《公评》头脑很旧，销数皆在一万左右。附刊编制，好的资料很少。有的附刊登了一篇从香港报上转录来的文字，谁知香港报上这篇文字都是在本谈上转录得来的。诸如此类的笑话，很多很多。市面最繁盛的要算在长堤，其次永汉路、维新路、西堤等等，都还不差。大旅店像东亚、中山、新亚、亚洲等，都在长、西两堤，而晚上的夜景，也要算这两堤为最好看了。

对于研究戏剧的学校，只有广东戏剧所一家，是由省政府主办的，委的所长是欧阳予倩先生。里面的教员如唐槐秋、严工上、胡春冰诸位先生，多是对戏剧很有研究的。六月一日，他们的第一剧团成立，在省教育会大堂公演十天，所演的节目有《茶花女》《卖买》《有家室的人》《熊》等。我曾经和同事施叔明前去看过几次，其中表演的学生，最好的有高伟兰、彭国华两女士，章正凡、李晨风、赵如琳、陈有各诸君，其次的便是区爱女士。而卢敦君因为表演时脱不了“武”气，所以终于不及章、李诸位，否则却也是表演之材呢。

（《申报》一九三一年六月二十一日，原题《广州之游》）

马　琴：
病中发呓语曾说过许多赞美广州的话

讲述人生平不详。

一、我的憧憬

不记得从什么时候起,我的脑筋里就被印上了“广州”这两个字，我知道在中国的南部有着这么一个城市，那是阳光常照的地方。

有一天我和一个朋友谈起去广州的事情，这朋友就对我倾吐了他对于那地方的憧憬。据说在一次病中发呓语的时候，他曾说过许多赞美广州的话。他说那是一个儿童的乐园。那里是美丽得像童话里的天堂，无数的儿童快活地生活在里面。他们自由地在街中游戏，街中有各种的小贩卖着各类的东西，让小孩们自由取用。

自然，这朋友还告诉我说这不过是一些呓语，他和我都不会相信。但是，我自己对于广州的憧憬却也因此加深了。我常常想，如果能够到广州去，不管住多久，总是一件幸运的事情。

这个愿望不久就实现了，似乎来得非常容易。

晚上从香港搭小火轮去广州，第二天大早起船就靠岸了。那一天正是端午节。我本来早已把旧历忘在九霄云外了，然而小火轮一进广州市，我就听见锣鼓的声音，接着两只龙船远远地向着我们这面划过来。无数的手摇着无数的桨，一些人站在船上敲锣打鼓和欢呼。两只船用最快的速度竞赛着，但是不到一会儿工夫它们就消失在我们的后面了。小火轮缓缓地前进，两岸的街市在我的眼前渐渐地展开来，于是我们就在长堤的码头旁边停泊了。各种吵闹的声音和各样装束的人包围着我，广州的确是一个热闹的地方。

二、四层楼上

我的旅伴是一个广东人，他时常来往广州，对于这都市是十分熟悉的。他不需要挑夫的帮助，一个人提了两只箱子离了船，我跟在他后面，我们的脚坚实地踏在长堤的土地上面了。

两部手车把我们拉到永汉路的一家小商店门前。我以为那朋友会进这间商店去，但他却走进了商店旁边的一条窄巷。巷子里很黑暗，直到我走进去，我才知道那是楼梯。楼梯很高，走上去有些儿费力。我们走完一层，看见一个房间，从短门下面露了一些男人和女人的赤脚。转一个弯，我们又上了更高的一层。大半的路程都是在黑暗里摸索着走的。到了第四层，我那朋友才走进一个房间去，那是一家广告公司，里面堆满着杂志。朋友宽慰地放下了箱子，这

中华路　摄于 1920 年代

时候我已经是汗珠满额了。

当我在那小商店门口下车的时候，我决不会想到第四层楼上会有这样的地方。后来我才知道这种建筑在广州是很普通的，好些茶室、好些公司、好些人家都在这样的建筑的楼上。所以有时候我稍微不小心走过了那登楼的地方，就不知道怎样才能够上得楼去。自然，这样的事也并不常有。

三、长 堤

沿着珠江的北岸，躺卧着长堤，这是最热闹的街市，在这街上车辆整日就没有停止过。

每天晚上，从河南那面看过来，长堤就灿烂地炫耀着一片灯光。我常常站在河南一家建筑的楼上，用望远镜看对岸，那灯火辉煌的河北夜市和西堤一带的高建筑尽入我的眼底。

我有时也走过长堤，不过时间总在夜里，而且我常走的是西堤一带。西堤只是长堤的热闹的一部分，是以永汉路为界的，永汉路以东的街市，那就属于东堤的范围了。

在西堤一带有着不少大的商店、旅馆、酒楼。演粤剧的海珠戏院在这里，那时候正演着薛觉先和月团圆班的戏，这海珠戏院是个高等的戏院。薛觉先是广东最时髦的伶人，据说有不少的大家小姐和姨太太爱着他。每晚上在海珠戏院的门口用电灯泡扎成了这一夜的戏目，如《梦断秦淮月》《难忍相思泪》《华丽缘》之类，在行人的眼前闪光着。厅堂门外坐着一排收票的人在那里谈笑，表示着这一场的生意又不错。

离海珠戏院不远是明珠大戏院（在广州影戏院的名称是不同的，有的叫“有声画片院”，有的叫“有声映画院”等等），那是映美国影片的地方，有不少的华人走进那里面去，男男女女都穿着华丽的衣服，像在参加一幕时装表演。

同时，在靠珠江一边的路上，或者在海珠公园的废墟上，站着好些中年妇人和青年女郎，她们穿着普通的服装，香云纱的短衫，不擦粉，看见人就做一个媚笑，娇声问：“叫艇吗？”

她们在那些地方常常徘徊到夜深，她们的笑容看得出来是勉强的，她们躺在半黑暗里，就像一些鬼魂。

珠江到夜间就平静了。在深夜江上只有稀疏的星点似的灯火，许多只篷船都睡在江面上。

我向着东堤那方向走，一会儿就走到了海珠桥下面。桥压在我的头上，许多人就在我头上行走。我于是转了弯，走上石级，到了海珠桥上，长堤就躺在我的脚下了。

我站在桥畔，扶着栏杆回头去望长堤。西堤一带还有许多颗明星在眨眼。东堤一带就变得黯淡起来，只有辆手车拖着微暗的灯光经过这桥下往亮的或暗的地方去了。

我再俯下头去看江面。在我的脚下，许多只篷船静静地睡在那里，排列得很整齐，只有几点星子似的灯光点缀了黑暗的江面。

四、海珠桥

河南和河北虽然中间只隔了一条珠江，但却是不同的两个世界。从前没有海珠桥的时候，人就靠了篷船和电船往来两岸。如今却有一座大的桥梁把这两岸不同的世界连接起来了。这就是新建的海珠桥。

这海珠桥恐怕是中国都市里最大的铁桥吧。听说建筑费是三千万元，而进了经手人的钱袋里去至少有十分之一。一切材料都是从德国运来的。据说这座桥本来是在德国某城市里，后来因为嫌它陈旧不适用，所以拆下来卖给中国。现在不管这说法是否可靠，海珠桥在中国总算是很新的东西。

海珠桥的形状有些儿像上海的外白渡桥，可是比外白渡桥大了许多。在河北的一端直接着维新路，长堤还卧在它的下面，桥下有汽车有行人。

这样并不是一个整块，它是活动的，就像伦敦的泰晤士桥那样。桥中间有一条裂缝，从这里人可以看见河水在下面流动。据说有大船经过时，桥就从这裂缝分开，成了两段，高高地向天空举起。但是我却没有看见过这景象。

其实，在这珠江上本来用不着活动的桥，听说这全是为了便利外国人缘故。因为沙面（这是外国租界）位置在里边，它时时需要着军舰的保护。为了使军舰驶得进来起见，海珠桥就必须是一座活动的桥梁。

这理由很简单的，广州也逃不掉帝国主义势力的压迫。市场是

海珠桥　摄于 1930 年代

给外国货物占据了；香港是一个自由港，外国货物可以很容易地流进来，售价不会很高。金融也被外国势力操纵着，广东钞票的市价不定，全依港纸为转移。有了一个香港在附近，广州市的自由就完全失掉了。

然而，不管这些，海珠桥究竟是一个有用的东西，而且像这样巨大的活动桥梁，在中国也就没有第二个。

白天是海珠桥最忙的时候，太阳晒在桥上，许多人挥着汗在那里拥挤地往来。晚间桥上行人比较少，但两旁人行道上却坐满了人，那是工人，他们有的睡在人行道上，有的坐在铁架上高声谈话，桥上电灯明亮地照耀着海珠桥，就像一个工人的俱乐部。

五、河　南

河南是外国人所不到的地方，大概就因为这缘故，才变成了一个和广州完全两样的世界。在这里充满着赌场和烟馆，那是对岸完全没有的。河南就因为这两样东西而变得繁荣了。

烟馆据说有一百多家，名称都是 ×× 戒烟室或高等戒烟室，我每天总要经过许多家戒烟室，可是我却没有机会进去看过。我只知道一件事情，就是在那里面人把大烟叫作戒烟药膏。

赌场的数目是不会比烟馆少的。我可以用拥挤两个字来形容它们的数目之多。名称是 ×× 公司，像泰裕丰这类名称是很普通的。建筑是两层，门口有一个武装兵士守卫招牌，招牌上还写了“楼上银牌”或者“银牌现钱”一类的字样。生意很好，每一家里面都挤满了人，我经过它们的门前时，总要看见不少的头和背影。

有一天晚上我和一个朋友进去了。那赌场是一家较大的。楼下靠里放着柜台，铺上席子，一个做庄家的坐在柜台里面，旁边还有两三个帮手。好些赌客就站在这高台前面，没有座位，也没有茶。他们的装束和普通人没有分别，但押起注来却很大，有的一伸手就是好几张十元的港纸，很快地便给庄家吃了进去。这叫作番摊，赌具是一堆围棋子。赌法很简单，人人能够懂得。

我们走上楼去，楼上屋中间有一个长方洞。这洞很大，四面围着栏杆，栏杆前面安放着凳子，这都是赌客们的座位。他们坐在这里看着下面柜台上的棋子押注，楼上有管事，他用一个小篮子把赌客押的注吊下去。楼上的赌客是比较高一等的，他们可以记赌账，有茶喝，有香烟抽，有红瓜子嗑。他们下的注数目也就更大，每个人都默默地坐在那里，注意地埋头看下面勾心斗角的“生存竞争”。

这一个公司里面有许多同样的房间，也就有许多赌摊。若把整个河南的赌摊算起来，那数目就很可观了。据说政府每月要抽去一百数十万的赌税，可见赌场每月银钱进出的数目是很大很大的。广东人爱赌博的那种豪气，真有些令人不能相信了。

六、茶　馆

在河北茶馆是很多的，大约分三个等级，上等的叫作酒楼，中等的叫作茶室，下等的就是茶楼。上等的我没有去过，只有茶室和茶楼是我常到的地方。

据说饮茶有早茶、午茶和晚茶之分。广州人每天总有大部分的时间是消磨在茶馆里面的。许多人一天总要进三次茶馆。在习惯上规定的饮茶时间内，每个茶楼里都没有了空座位。每一张桌子上都有人在高谈阔论。每隔几分钟伙计就端了一笼点心出来，高叫着走过每张桌子，各人便可以尽量地选取他所爱的点心。但这时间一过，茶馆里又变得像沙漠般的荒凉了。所以茶馆一天就只做几次生意。

茶室的顾客大半是学生和官厅的小职员，他们的学校和官厅就在这些茶室的附近，他们到这里吃一点简便的饭食，有时也约朋友来闲谈，坐到两三个钟头。

还有一种茶楼雇得两三个女伶清唱，生意自然不会坏，因为它们有一些捧歌女的顾客了。这种又不能列在下等的茶馆里面了。

有一天我和两个朋友进了一个这样的茶楼，有两个女伶在那里唱戏，锣声响得太厉害，快把人的耳朵震聋了，我们没福气享受这种音乐，就匆忙地吃了两盆面出来，付账时却发觉价钱比别家茶楼贵了许多。

七、西　关

我很早就听见人说到西关，那是一个神秘的地方，许多古旧的大家庭就住在那一带。那里有宽阔的马路，也有旧式的窄巷和石板的小路。

有一次，一个朋友请我到西关的一家酒楼吃饭。那酒楼是一所很华丽的旧建筑，大约从前是一所富家公馆。里面有楼有阁，有廊有厅，有大井有树木。

我们登了楼，进了一间很精致的楼房，大家坐下来，开开电风扇。露台上摆了好几盆鲜花，檐下垂着竹帘，把阳光阻拦了。听不见一点闹声，这地方倒还清静。

我们谈话的时候，一个四五十岁的妇人忽然走了进来，向我们说了几句本地话，一个客人带笑地和她答了几句，她就高兴地出去了。不到一会儿工夫，那妇人又走了回来，在她的身后跟随着一位年轻的姑娘和那姑娘的母亲。

这姑娘打扮得漂亮，有些儿像娼妓。她对着我们点了点头，就在旁边一把椅子上坐下来，不说一句话，把眼皮垂着，把手里的扇子摇着，不敢看别人一眼，却只管让别人看她。

主人没有这经验，这时候也觉得有些难为情了。就让那个本地客人和她们讲话。我听懂了一部分，那妇人说出来姑娘的身价要值一千四百元。

大家没有说话了。在座的客人里面并没有谁想买一个姨太太。于是那本地客人从袋里掏出两毫银角给了那老妇人，让她把另外两个女人带走了。那姑娘快走出房门时，还回转身子向我们微微鞠躬。

在公众的场所，公开地把女人当作一件商品来招揽主顾，展示给人们看，当面讲价，这在我还是第一次看见。我不知道在别的都市里有没有这样的事情。

八、暑期学校

自然我也有机会和一些文体机关接触。譬如拿学校来说，那号称华南最高学府的中山大学就是我常到的地方。

中山大学的校址是很大的，所有建筑就只有青白两种颜色。墙壁是白的，边沿是青的，一进大门就看见门墙上的“明耻立信”四个大字。白底青字，十分鲜明。

那时候学校里刚刚考试完毕，开始放暑假。然而学生们却变得比平时更加忙碌了。我记得我有两天不曾去过中山大学，第三天再去时，一切景象都变更了。我从大门进去，从后门出来，中间经过不少的地方。我的眼睛就没有停止过注视。那墙壁上贴满了各种各类五光十色的暑期学校招生广告。这一处是物理学会的，那一张又是化学的，还有数学学会、历史学会、生物学系、国文系等等的。一个中山大学里就办了六七个暑期学校，彼此竞争地招揽学生。单从那些广告上就可以看出彼此间勾心斗角的竞争来。好几张广告上都画着一个时髦女郎的面孔或半身，有的女郎头上还戴了一顶方帽。在广告旁边还贴了招生简章，多用了同样甜蜜的语句，解说着进暑期学校的种种利益。

我经过了六七个报名处，看见果然有一些男女学生在里面报名。但我对于这情形还不能够彻底了解。我后来就去问一个朋友，这朋友是中山大学的教授，他一定可以解除我的疑惑。

“这有什么难解释呢？”那朋友让我坐下来后就带笑地对我说，“大学生在假期中也可以想点方法赚钱。”

“但是那些简章上不是明明印着许多教授的名字吗？”我依旧疑惑地问道：“暑期学校的教员还是大学里的那些教授？”

“那不过是挂个名字罢了，那些暑期学校都是学生办的。大学生教中学生，高中学生教初中学生，资格是够的。在这里每逢暑假一来，就有许多大学生中学生开办暑期学校。这笔生意并不坏。听说去年这种暑期学校很赚钱，所以今年大家就竞争得更厉害。”

“呵”，我似乎恍然大悟了，但我还禁不住问一句，“为什么每年都有那么多的学生去进暑期学校呢？”

“你又忘记了？每个学校学生主办的暑期学校，都是拿读毕课程后下学期有正式升入该校的希望来号召的。当然有许多青年愿意报名了。”

“我还告诉你一件事情：许多私立中学一经批准立案，就要大开庆祝会。这你也相信吗？”我没有话说了。我无意间把眼光放在旁边那张小桌上去，一份当日的《越华报》躺在那里，就在封面上排印着几篇鸳鸯蝴蝶派的遗事艳史。

“这便是广州市销路最大的报纸，听说它受人欢迎就是靠了这些文章。”朋友看见我的脸上露出惊奇的神色，不等我开口问，就这样给我解释道。

“上海所谓报屁股，在这里倒变成了报头了。你要在这种报上找一点重要的新闻，真好像要一只骆驼穿过针眼。大部分的广州报纸就是靠这种文章来吸引读者。只有《广州日报》《民国日报》两三家好一点，它们没有这种东西。它们有新的附刊。”朋友继续说下去，他在广州住了好几年，他知道的事情很多。

“在这里奇怪的事情多着呢，你不看见过电车轨道吗？但是这里却从来没有行驶电车。据说没有一个电车公司担负得起那一笔捐税，因此只好让筑好的轨道荒废了。”

九、不景气

“你问我生意怎样？”一个商界的朋友摇着头对我说，“告诉你，不景气！不景气！今年七十二行生意，没有一行赚得了钱！捐税那么多，今天国防捐三千万，明天航空救国捐又是多少！我们哪里还有钱剩？大家都只有咬紧牙齿度过这一年，希望明年好一点。但是看这情形，明年也是不会好的。你以为这里市面繁荣吗？其实这全是表面上的，这里的市面是外强中干的。你该知道大部分广东人的钱是从美国来的。但今年受了不景气的影响，美国华侨汇回来的钱只比得上前几年数目的四分之一。有好些在外国的华侨都快不能维持自己的生意了。”

“不景气！不景气，到处都是不景气。”我含糊地应着。

十、一个谜

我别了那位教授和那位商人，就独自跑到永汉路的一家茶室去。时间是七点钟，那茶室的夜市刚刚开始，我还是第一个客人。

我拣了一张靠窗的桌子坐下，伙计泡了一碗“菊井”来，我问他要了两碟点心。我一边喝茶，一边掉头去看窗下街市景象。

对面街旁有一家饮冰室，门面油漆得鲜明夺目，里面灯火辉煌，的确是一个热闹的地方。

我望着，不停地望着那饮冰室。一辆汽车在门口停了下来，一个西装青年带了三个摩登女郎下车来走进了那里面。接着又有一对青年男女进去了。一刻钟以内在那冰店门口顾客的进出就没有停止过，而且没有一个人不是打扮得十分漂亮的。于是我的眼睛疲倦了，我不再往那地方看了。这时候那商人的话忽然重来到我的脑里。

我也知道在中国没有一个都市不是一个谜。对于年轻的我，尤其是对一个像我这样的短期的过客，要了解一个都市简直是不可能的事情。我究竟是真正懂得了这个谜，或者是被外表迷了眼睛，连我自己也不能够判断了。但有一点我是可以断言的：广州是一个阳光常照的温暖的都市，假若我们爱春天爱太阳的话，那么广州还是一个值得我们留恋的地方。

（《中学生》一九三三年第四十三期，原题《地方印象记：广州》）

万听秋：
广州人民，体魄强健，举止活泼，其处事接物之兴趣，异常浓厚

讲述人生平不详。

上　篇

广州气候，以地近热带，固较江南炎热，然当盛暑之际，其最高之热度，亦不过如江南之三伏天气耳。唯此间气候之最令人不适者非为炎热也，乃为潮闷；一日之中，忽雨忽晴，天际云霓，聚而不散，其情景极类江南之黄梅时节。据云此间一年中自旧历二月间起直至九月止，皆为此种天气，九月以后，则天清气朗如北平矣。

当予未至广州时，闻粤友云，中国各大都市之市政，除外人租借地外，当以广州最称完善。及至广州，见道路之平坦广宽整洁，与岗警处事之精神，颇信予友之言为不虚。吾人以历史的眼光观察，中国外地之与外人通商，以香港、澳门为最早，广州距港澳咫尺，其与西洋文化之接触，较之吾国其他各都会为早，宜乎其城市之新建设，亦比较发达。广州之市街，道路率多宽广，其长堤与永汉马路，路面系以士敏土与柏油浇成，光滑平坦，不啻上海之南京路与爱多亚路。唯横贯东西之惠爱路及惠福路两条大道，及西部由旧城基改建之太平路，尚为灰瓦与碎石合成之路面，晴则灰尘蔽目，雨则泥泞难走，行人经此，设非乘车而徒步，未有不感觉困难者也。由东向西横贯太平路，则为西关；旧为广州西部附郭之繁盛街市，今则城垣拆去与广州市合而为一。西关市街景象与广州市略殊，马路较狭窄，但异常整洁，市况极为繁盛，茶楼酒馆，不计其数，绸缎铺及金饰店，多曾荟萃于此，店铺门面均金碧辉煌，入夜电光灿烂，如入不夜之城。广州市之最繁盛区域，仅双门底（即永汉马路之中段与北段）一部分，而西关则几乎随处皆热闹场所。予闻友人云，广州富户之寓所泰半在西关，则其市况之繁盛亦良有以了。此外尚有一最热闹之处所，车马如织，行人如蚁，喧阗叫嚣，朝夕不宁，即长堤是也。长堤当珠江之北岸，为广州市之沿江马路，形势仿佛上海之黄浦滩。东起广九车站西道之铁桥，西迄沙基，长约六七里。粤人以其道路绵长，乃区分其地段为三而各别其名称，自铁桥起至天字码头止则称为东堤，自天字码头起至海珠公园止，则称为南堤，自海珠公园起至沙基止则称为西堤。东堤、南堤、西堤三部分，南堤一段较为冷落；东堤市街虽不繁盛，而沿岸屋宇，多为妓馆，一般寻花问柳者，每晚趋之若鹜；西堤最热闹，茶馆、酒馆、旅店、剧院，群集于是，故行人拥挤嘈杂，亦以此段为最甚，其热闹数倍于西关之夜市焉。珠江中船艇栉比，均依岸停泊。自东堤以迄西堤，沿岸新泊船只，密排如阵，无虑数千余艘。是等船中居民，皆系以船为家，如浙江之疍户。唯若辈类多卖淫，不务正业，吾人夜经长堤，辄见若辈沿途招客，而令游广州者，脑筋中留一恶劣之印象也。渡珠江，对岸即为河南，市况寥落，与北岸较，奚啻天壤。唯是区赌风甚盛，北岸之嗜赌者，每渡江而来此。予等进入里巷，即闻呼卢喝雉声，达于户外。亦有当门铺设檀场，聚众狂赌者。其赌博之种类，以番排为大宗，此外有牌九与三通宝等。闻当局者因借此可获得大宗收入，故不加禁阻。如欲认识中国社会之真相，当于此种环境中观察之。

广州市房之建筑，与江南及北方迥异。江南外埠之有新式道路者，其两旁之人行路，均系露天，不架房屋。广州之市街，观路两旁之人行路，大都上覆楼屋，成拱道形，人行其中，几若经过一极长之走廊。我人若乘车行于路中，左右顾盼，则见道路之两侧，皆为廊座，此种景象，为江南及北方外埠之市街所无。此种式样之人行路，行路者颇受荫庇之益，以晴日可避日光之熏灼，雨天可免雨水之淋浸，殊为相宜。又广州之市屋，率多为三四层楼，其建筑宏丽者，重楼杰阁，高出云表，望之巍峨如宫殿。盖广州自改建新式市街后，地价陡然增高，购地造房者，均多建层楼，以图经济上之利益。甚有新购之地，仅为一小方，而亦建筑二三层之楼屋者。其临街房子，自第二层以上多伸出于人行路之上，想亦半为地皮上之经济打算耳。

中　篇

谚云:“食在广州。”是语也，盖言粤人最讲究饮食，全中国之食品,以粤地最为精美。予来广州,为日虽然不多,而于广州之食品,除粤人喜食之特殊食品（如猫狗蛇猴之类），为吾人所不能食者外，均已大多数领教。其果较江南及北方之食品为精美适口与否，予实不敢妄断；是或予之口味，与常人殊，不能辨其真味也。虽然，广州之食品，予固不能辨其真味，广州之饮食处所，予敢认为在全国各大都会中，可称独多。予每经一街一市，各种店铺形状之触予眼帘者，必有十余家为饮食处，非为富丽堂皇之酒楼与茶馆，即属简陋狭小之粥店与冰室（冰室即上海之咖啡店或饮冰处之类）。举目探望，大都座客充盈，人声鼎沸。就饮食店之多与食客之伙一点而观，予意是或与“食在广州”一语相符。广州之饮食店，最上等者如南堤之南园、惠爱西路之西园，是皆达官富人之宴客处所，往往一席数十金至百余金。次等者即普通之酒楼，但其价目亦不甚廉。是等饮食处所,布置均极精美,桌椅床几,均为红木或紫檀。登门宴客者,所定座位如为厅堂或房间，即得于其中挟妓斗牌，故每有以竟日之光阴，消磨于酒楼中者。广州尚有一种特殊之饮食处，即茶楼是也。江南之茶楼，只售清茶，广州之茶楼，乃为一种变相的点心店。粤人之莅临此等茶楼者，皆称饮茶，实则吃点心耳。此等茶楼有规定之饮茶时间，大概自上午八时起至十时止为第一次，自正午十二时起至下午二时止为二次，自下午三时起至五时止为第三次。普通之茶楼每日售茶，仅三次而止，其范围比较扩大者，并售夜茶，自下午八时起至十一时止。售夜茶者，每晚必邀歌妓，演唱粤曲，以娱顾客，斯时不售点心矣。茶楼所售之点心，与普通饮食店殊，系以粉面制成各种咸甜食品，形状颇为细巧，食之亦尚可口。其品类每星期更换一次，总名曰“星期美点”，此种点心，仅每日上午出售，过午则只售面饭，故喜食其星期美点者，恒往饮早茶焉。予于广州之饮食店中感觉最有兴味不能忘怀者，为广州北郊之宝汉茶寮。是地距城市约七八里，须乘汽车往。是地共有饮食处二：一曰新北苑，一即宝汉茶寮。此两家饮食处，因在乡间，故其建筑均为竹篱茅舍，别具一种风致。新北苑建有茅亭数座，亭中悬名人字画，布置已较为富丽，宝汉则纯然一乡村色彩之酒家也。论两家之肴馔，均极鲜美，而宝汉更佳。旧历五月端午，予与朋辈三四人乘车前往。是时天气炎热，汗流浃背，予等饮汽水多至十余瓶。午膳时之菜肴，最美者为一鸡三味，其烹调虽与江南不同，而味之浓淡厚薄，较之杭州西子湖畔酒馆所为之一鸡三味，实胜一筹云。

中国本部之人民，形态与肤色，固为一律，然其精神气质与体魄，乃随所居地域气候之状况而异。黄河流域、长江流域及珠江流域三区之人民，彼此性质之殊而不混，几若有鸿沟介乎其间。黄河流域，因气候寒冷，其人刚愎沉毅而重然诺；长江流域，气候温和，其人伶俐机警而富思想；珠江流域，气候炎热，其人活泼兴奋而多欲望。可知地气所钟，与人文有密切之关系也。予今且述广州居民之性格。予到粤以来，观粤人体魄健旺，举动活泼，不禁生无限之羡慕，返顾自身，长于江浙文弱之邦，精神萎缩，与若辈相对，殊深自惭。广州人民，体魄强健，举止活泼，其处事接物之兴趣，异常浓厚。吾人常见粤人所办大规模之商店，每至分布其营业于全国各处；吾人又常见其贫苦之小民，赤手空拳，远游异国，困苦数寒暑，多满载而归；吾人又常见其在外国之侨民不但尽力于事业，并且热心社会公益事务，如组织慈善团体也，设立学校也，以及年来中国内地天灾人祸之赈济也，侨民莫不热心赞助，努力玉成。此种奇异之成绩，实由处事接物兴趣之浓厚，有以致之。凡处事接物兴趣浓厚者，其心目中之人生观，必为一快乐而有希望的人生观，其意会与情绪，当与彼愤世嫉俗、悲命慨时者之五中所蕴，大相悬殊也。虽然，以处事接物兴趣之热烈，以对于人生意味之浓厚，欲望乃因之而炽。粤人对于事业之兴味，历辛尝苦，不畏艰难，在全中国民族中，实莫可与之伦比；而其人欲之旺，亦与其对于事业之兴味，同高并茂。予经月余观察，敢妄将粤人心性中之重要原则，分析为二：一曰对工作与活动兴趣的浓厚，二曰对于饮食兴味的热烈。请先言其一：粤人生性不惯静默与安逸，喜处热带之环境。其处事接物，不畏艰难困苦以赴，已如前文所述。除正当事业外，凡一切热闹之举动，无论其为游戏、为娱乐与否，无论其有意识与否，粤人皆喜参与。普通人士，工作完毕，非饮夜茶即观电影，以消磨夜晚之光阴，多不耐居家闲坐。遇有纪念日或放假日，非往剧园观剧，即参加公共之集会（如纪念会、游艺会及其他市民集会等），每次集会，辄见人山人海，万头攒动，呼口号时，众吻狂吼，音撼山岳。此种激昂慷慨之精神，在江浙殊不多见，而粤人乃优为之。又粤人喜燃爆竹，此种习惯，固为社会上一种迷信之遗习，但在粤人则殊坦然。若辈每逢旧历令节，如五月端午等日，因须燃爆竹以酬神，而当各种纪念日，于公共场所集会或沿街宣传之际，亦喜燃爆竹以助兴。最奇怪者，若辈于纪念日乘汽车散发传单时，车中必携大宗爆竹，沿途施放。予意度之，是亦粤人好动喜闹之一种状态也。

再言其次。予于前节已将广州之饮食店，略为叙述，并以为广州饮食店林立，可作“食在广州”一语之阐明。就广州饮食店之多与食客之伙而观，已足为粤人好食之明证。予更益一事以证吾说。予于某日独酌于西园之某食店，予见邻座一客，身着黑色胶布之衣裤，科头跣足，望之颇类一厨役。予初尚不经意，继见馆役以巨大锡盘盛肴，置其桌上，斯时予好奇心起，凝神清视，则见其所食者，一为清炖鱼翅，一为红烧鲍鱼，一为鸡绒粟米，一则白汤三角鸡也。予观看出神，几乎忘餐。及予餐毕，邻座之客，亦起而至账柜付款，彼出纸币一张，为五十元之港纸。予俟彼找清他去，遂亦付款而出。归后质之友人，不禁自愧且笑。盖粤人素不重服装，彼着黑色胶布衣科头跣足者，其家业或在中人以上；予之少见多怪，诚如粤人所谓“大乡俚”矣（按：“大乡俚”即孤陋寡闻不知时务者之语，犹上海俚语中之“阿木林”与“猪头三”耳）。嗣后予常饭于酒家，对于此等衣履与状态之座客，已熟视不以为奇。由此观之，彼粤人者，家仅中人之资，且至酒店大嚼，上等富户，一饭数十金，又何待言，是岂不足为粤人讲究饮食之证明耶。不特此也，粤人所嗜之食品，其种类且较吾人所嗜为倍蓰。夫猫狗蛇猴，吾人所不能食者，粤人乃甘其味。此外予所不知之物，粤人喜食者，不知凡几。

古人曰：“食色性也。”又曰：“饮食男女，人之大欲存焉。”粤人之嗜食好色，其亦所谓大欲乎？余尝闻信释持斋者云：凡人多食荤腥，则脏腑之气味不洁，淫欲必盛。是语也，果有真理与否，余不敢妄揣；唯见粤人，对于飞禽走兽，几乎无人不嗜，而又耽于淫乐，则彼信释持斋者之言，似乎颇近于理。予又闻人云：粤地天气炎热，且极潮湿，男女体格，因受天时影响，其性质与作用，遂另是一种变化。是语也，须质之人文地理学及生理卫生学专家，予不学无术，更不敢加以肯定或否定之批判。今姑不论其他，且从实际之情形以充吾之游记。广州蓄妾之风甚盛，富室男子一人，所蓄姬妾有多至一二十人者，中人之家，平均每一男子，有妾媵三五人，其仅有妻室不列小星者，殊不多见。此外粤地尚有一种特殊制度，名为“平妻”，即男子一人，娶妻二人或二人以上，所娶妻室，彼此名分等级相并，无大小嫡庶之别。近年以来，此种制度，颇为盛行。贫家小户之男子，苟略有积蓄，即娶两妻。夫两女共事一夫，最难相处，而予所见者多为彼此和睦，不怀嫉妒，不闻诟谇，且有互相帮助，通力合作，以处家务者，是诚奇矣。中山大学有西餐室一所，余常往就膳。予见厨役某之卧室，常有女人住宿。予所见者有两妇，此来彼往，互相轮值。予疑而询其弟，始悉两妇均厨役之妻也。区区一厨役，且置两妻，则拥巨赀者之姬妾成群，可想而知。就兹多妻制度之风行而观，语粤人为好色，谁曰不宜。

海军港务部　摄于 1930 年代

下　篇

粤人嗜音乐戏剧，兴味之浓厚，与北人等，特以南北语音各殊，金台之曲，不奏于岭南，百粤之音，不闻于朔北，故其所鉴赏，非津沪之腔，乃羊城之调。予昔居北京时，于街头巷尾，每见有扯胡琴以消遣者，音调悠扬颇有节奏，予以是知北人对于京剧之迷恋。迨此次来粤，又知粤人之沉醉粤讴，其情状正与北人迷恋京戏，不约而同。粤中人士，自读书者以至贩夫走卒，大都能引吭高歌，亦有擅长音乐者。中大有侍役数人，其卧室与予所居处相隔甚近。每值工作完毕，侍役中即有人低声吟唱自娱。予虽不谙粤语，而细聆若辈之音，则歌喉婉转，颇为悦耳。今年暑假，中大一部分学生卒业，于某日假座大礼堂举行送别会，由学生演剧助兴。是时一部分学生，粉墨登台，唱做纯熟不啻伶人；若辈苟非醉心此道，曷克有如斯之成绩乎？由此可窥见粤人嗜好戏剧之一斑矣。粤地剧场之建筑，旧式者予未之睹，其新式剧院，与上海各舞台之情景，大致相同，唯客座等第之名目略殊。上海之戏院，有花楼、月楼、优等、特别之分。广州则由各戏院自标特异之名称，如长堤之海珠戏院有所谓“共和位”“平等位”之别，而其他戏院之座位名称，又为另一种花样矣。粤剧之情节，大概为男女相悦、自由恋爱之一类，武剧几可云无。又有所谓“历史剧”者，其所取材，多为《红楼梦》或《会真记》一类之小说与传奇，如《潇湘夜雨》及《宝玉哭灵》等剧，皆若辈认为历史剧者也。虽然，粤剧之情节固多恶陋，而一览其曲本，词句典雅藻丽，颇有文学意味，虽间杂以本地之俚语，仍不失其隽妙之风格，非若京剧脚本之浅陋不堪卒读也。粤人除戏剧外，又酷嗜电影。粤人称电影曰“影画”，故电影院多标其名称为“某某影片院”，如长堤之明珠电影院，其名称即为“明珠影片院”。粤地各影戏院，不论戏馆之大小，均聘有翻译一人，于影片放映时，为观众解说剧情。北京、上海之电影院，均设外国弦乐队，奏美妙之音乐，以助观众之兴趣。粤地则无之，盖既聘翻译解答，自不能同时更设弦乐队，使有碍听讲也。粤地解画之翻译，其工作颇为忙碌。电影院放映外国影片时，为便利不识西文之观客起见，固须若辈翻译解释，而于放映中国影片时，亦须翻译出而解释。斯时之解释师，不但说明影片中之字幕，且故意杂以秽鄙或无意识之言词，似形容影片中人物之动作，借博观者之欢乐。此种怪现象，与上海游戏场演唱小调，可云毫无分别。（按：聘用翻译解释，北京之小影戏馆亦曾采用是项办法，唯必于放映外国片时为之，若放映本国影片，仍须解释，是诚粤地影戏院特有之制度矣。）

广州名胜古迹虽不多，然城市左近，亦颇有吸引游客之佳境数处。城中有中央公园，地亩极为宽广，园景布置，虽带欧化，然当夕阳西下，徘徊于其曲径通幽之处，亦足以快胸襟而舒积郁。园之正中售茶处，有大榕树一株，躯干横阔如墙垣，察其形状，殆为数百年之古树。忆在北京时，见中央公园有榆树一株，枝叶亭亭如盖，其总干之粗大，可两人抱。今广州中央公园之大榕树，实可与北京中央公园之榆树，互相媲美。城之北部有粤秀山，葱郁秀丽。山麓有镇静海楼（又名五层楼），凡五层，碧瓦朱垣，饶有古气。城南有依附西堤之小岛一座，即海珠公园；园中花木妍美，中部建一音乐亭，东首竖程壁光铜像，西首亭中，置有铜壶滴漏古器一副。是处地点热闹，夜晚亦游客麕集焉。沿西堤西行至沙基，亦有一倚岸之岛屿，面积较海珠为大，是即沙面。沙面系英法两国之租借地，在粤外人，大部居于是岛。荔枝湾，是地系广州西村之一小港，水道曲折，云树迷离，夏秋雨季，士女如云，咸来此荡舟，斯时但见港中画船游艇，来往如织。但附近陆地，并无茶馆酒楼之设置，以备游客饮食之需。予与友人，曾往游两次。粤地男女，视荔枝湾之荡舟，以为赏心乐事之举，莫逾于此，予则并不感受任何良好之印象。此种风光，非但不能与武林之西子相比拟，即春申江上之半淞园，犹胜于是处多多也。予所述之数处，皆曾经亲临，唯粤秀山尚未一往；年来心绪寡欢，游兴顿减，设非友人相伴，从不独自寻乐，故虽近水楼台，亦无意登临顾盼矣。

（《华年》一九三三年第二卷第三十七、三十九期，原题《粤游所见》）

黄明慧：
不妨长作岭南人，他们大半豪放、勇敢，略带点轻浮或粗鲁

黄明慧，曾任广东省立法商学院教授及教授委员会理事，具体事迹不详。

一

假如你展开一张广东全省图来，在图的当中而略靠南边，你会看见三条铁路从一个中心出发，三条江水从东西北三方流来汇集在一处，那儿一定还有个符号，旁边注着两个小小的字：广州。

广州是广东的省会，也叫作羊城或穗城。城是已经拆毁了，这两个名字到而今还留在口头和纸上。相传从前有五个仙人，穿着五种不同颜色的衣服，骑着五头颜色各异的羊，各人手里拿了一根六芒的稻穗，在广州出现，他们把稻穗留下来，便腾空飞去，而那五头活生生的羊也陡然变做石羊了。因此广州的市徽是用五个羊字环成一个圆圈，圈中画了一个青天白日的党徽，左右两边伴着两根金色的稻穗。

广州是全国四大贸易港之一，也是中国南部唯一的大都会。无数的船、无数的车、无数的飞机，装得满满的，从远处来，从近处来，把货物吐出以后，又塞得饱饱的，向远处去，向近处去。这儿有二十九万的亩积，有绵长宽阔的马路，有巍峨雄伟的摩天楼，有二十万的户口，百万以上的居民，还有近代都市所具有的一切东西。久居广州的人，天天在温暖的阳光下呼吸，弄得皮肤像涂了一层钢铁似的。他们的行动大半也是像钢铁那样刚健，而且非常活泼敏捷。他们的性情大半是豪放、勇敢，而略带点轻浮或粗鲁。帝国主义侵略者伸入中国的最初一只脚就是踏在这上面，也许他们在那长年累月的铁蹄上锻炼成了一副这样的行动，这样的性情吧。国民革命的第一枝火把也是在这儿燃烧起来的，所以广州也被人歌颂为“革命策源地”。

广州于道光二十二年（1842）依《南京条约》辟为商埠，占全国五大商埠的第二把交椅。如果把全年的贸易数字排起来，是非常可观的。年来广东的华侨资本向省会集中，在经过了几十年经营的都市里又平添了千千百百的洋房，把广州的外貌装璜得更辉煌了。有人说，广州是中国人用自己的力量建立的第一个模范市；所谓东方的巴黎——上海，和东方的芝加哥——汉口，它们的繁荣与绮丽都是浮雕在租界上面的。不过，广州愈发达，它的面目就愈改变，从前人们谈广州名胜总是“羊城八景”，什么“波罗浴日”“石门返照”“珠江夜月”“白云晚望”“大通烟雨”“蒲涧濂泉”“景泰僧归”“金山古寺”，现在却大大不同了，不但是景物已非，人性也两样哩。

广州鸟瞰　摄于 1900 年代

你看，珠江上的电炬比白昼还光亮，夜月那儿会引起游人的注意呢！人家是坐着流线式的汽车去看总理纪念堂里的阿拉伯地毯，谁还有闲情逸致蹲在大通来鉴赏烟雨呢！

“天不怕，地不怕，最怕广东人说官话。”这句北平俗语，只要你听过，就会明白广州话怎样难懂了。不过，你懂不懂都无妨，但当人家向你说声“丢”或“丢那妈”甚至“契弟”的时候，你不要以为人家向你恶骂，就马上发起脾气来，那是在上流社会的圈里也常常听到的。广州话和别处的方言一样，并非纯一的，比方西关和河南的口调就不尽相同。

广州，像广州话那样复杂，你要认识它，得从各方面去看。

二

当东方微微地透出鱼肚白似的片云，马路上的电灯将要熄灭的时候，大沙头机场上就有好几架飞机升起来在天空绕着飞了。如果你还没有起床，你总不愿意让那种轧轧的机声在你的头上不住地响着吧。

同时，珠江也沸腾起来了。从水运可通的各县来的渡船，从香港来的小火轮，驶进白鹅潭，向着西濠口那一带的码头停泊。霎时间码头上就满是人，满是货，不一会，车仔（即上海的黄包车）像条长蛇似的穿过长堤，散向各处去。各处返乡落港的人又往西濠口聚集，坐上他们所要去的船，离开广州。西濠口就是这样不分早午晚做了千千万万人的聚散场，那儿有欢笑，也有泪珠，有迎接，也有送别，永远都是挤着，挤着的。

都市的动脉早就开始跳动了。工人从茶居喝了一盅茶吃过两件点心出来，匆匆地返工去了。油栏门、维新路、一德路那一带咸鱼栏、菜栏、水果栏以及海味杂货店热闹地站满了人，喧闹着。工人扛了货物来回走着，口里叫出一声声的“嘻呀哟！哎呀哟！”。

大街上走着男男女女的学生，穿着白的、蓝的、黄的、灰的制服，手里提着一个小藤夹或挽着一条扎了几本书的带子。有的坐着脚踏车，把铃按得“叮呤叮呤”地响，向着步道上的同学打招呼：“喂！跑快点，就要上课了。”男生大多喜欢穿一条洋装裤子和一件对襟短衫，不过当他们谈恋爱的时候，也许跑到昌兴街去另外新裁一身洋服的。女生的裙子总是那么短，走起路来就像赛跑，衬着一副微黑的脸，给你一种难忘的印象，那是康健与敏活。

穿着长衫或洋服或中山装，襟头缀着一个徽章，手里提着公示袋的人在人丛中穿插着，向广卫路、吉祥路那一带走去，那是机关衙署的所在。

妈姐（又称使妈，即女佣），穿着一身黑衣服，趿着一双南国特有的木屐，“霍落霍落”地上菜场去。

每条路线的公共汽车来回地走着，不论远近都是收一毛钱，随你喜欢在什么地方下去。市面上的交通工具，最寻常的就是公共汽车和车仔；路上接客的汽车也不少，那是在西濠口、广九车站以及戏院酒楼的门口，轿子也许是这大都会的特有，在西关那边最多。

马路在跳着，到了下午更紧张。

“轰！”当午炮从粤秀山上发出以后，人们就放下工作，向茶居或茶室去了。广州人真好饮茶，有的一天早午晚去三回。他们的正餐时间通常在上午九时，叫作早饭，下午五时，叫作晚饭。他们所谓饮茶，并不光是喝喝茶就了事的，还得吃面条和各色各样的点心。茶室和茶居都是非常宏敞的，里面的设备按层楼而分，层楼越高就愈精致雅洁，所以去饮茶又叫作上高楼。不论上流或下流社会，统统以茶楼为他们的消遣场、休息室，常常在那儿流连一两个钟头才离去。有的茶居加唱女伶，叫座的茶客简直像学生在那儿做下午的课了。

永汉路、惠爱路那一带尽是行人，挤拥着，喧闹着。在西关，尤其是十八甫路、上九甫和下九甫路，你会看见许许多多的女人，其中有些少妇背后跟着一个妈姐的，那就是有钱人的姨太太了。

香港早上开来的快车到达了，一大群人从车站走出来，报贩蜂拥进去，抱着大扎的报纸，跳着，跑着，散向街头巷尾，大声喊着：“香港报！即日香港报！”

下午一时电影院粤剧团的日戏开场，自然，又有一堆人朝那儿钻。

下午五时，从工厂出来的，从学校出来的，从机关出来的，到处都是车的蛇阵和人的潮流。

晚，在都市另有一番景色，常常为人喜爱的。

长堤电灯局的烟突冒出来的烟比日间更黑更浓，一团团地上升，向着维新路那一带的天空上流散。电灯放光了，西堤那一边，半天都是亮得像白昼。

人们向着娱乐场，向着开夜市的茶居，带着轻快的脚步。酒楼的扶梯响着“咚咚”声，门口的电灯照着八个字：“包办筵席，随意小酌。”

“食在广州”是全国到处流行的一句口诀，和“着在杭州”“死在柳州”是一样齐名的。不过这年头，衣料以巴黎的为最时髦，棺材也兴西式的，杭州的丝绸和柳州的楠木未必为人所爱好了；而广州的饮食，到而今还是脍炙人口。不错，广州人对于饮食确实非常讲究，并且几乎公认“民以食为天”是一条不容置辩的生活之道。上等的自然是酒楼，此外有西餐馆、茶居、茶室，下等的有晏店、粥店、甜食店、云吞店。名贵的有六十元的鱼翅，便宜的有半毛钱的腊味饭，尽够你一饱。不论大街小巷，到处有饮食馆；不分昼夜，你随时都可以进去。

往东堤和陈塘的道上，响着车仔的铃声和汽车的笛声，一些人向那儿去找寻他们的快乐。东堤和陈塘都是酒楼和妓寨的丛集地，晚上灯火辉煌，弦歌之声不绝于耳。

如果你到长堤去溜达溜达，或在海珠桥上凭栏瞧瞧，一江的灯火就像天上的繁星似的向你眨眼。小小的篷船一条靠一条地并排停泊着，船头映着灿烂的灯光；疏散地横着的大船，里面挂着红红绿绿的画屏镜框，陈设得很华贵，那叫作紫洞艇，是江上的酒楼。长堤临江的步道上站着许多疍妇疍女，穿着贴身的小衫，频频娇声地向行人唤着：“叫艇呀！叫艇过夜呀！游河呀！”

河南路街景　摄于1920 年代

另一些人从维新路口走过海珠桥或坐沙艇（即小篷船）往河南去,那是广州的烟赌特许区。烟馆的门口挂着“××戒烟室”的招牌,另有一张红纸贴着，那上面写道:“本号有上等戒烟药膏发客。”赌馆用电灯泡缀成很大的字，那是“××银牌”，灯光映在水面，荡漾着，煞是美观。

子夜，都市的动脉开始弛松。路灯照着警察颀长的黑影。汽车勃勃地叫着，装着从游戏场或饮食馆出来的男女，飞驰过去。有些房子还漏着一窗火光，透出麻雀牌碰着桌子的清脆的声音，“噼啪!噼啪！”小巷里传来一声一声的“鱼生——粥”“云——吞——”,悠长而且凄厉!

这就是早午晚的广州，真像香港纸币在广州市面一样，一天也有三种不同的价钱。天天这样周而复始地重复着，广州人就在这重复的生活中扯着他们的日历，一张，又一张。

三

广州的气候是属于半热带，一年到头都照着爽朗的太阳，春夏秋冬都是温暾的;然而每个季候却有它独特的情调。

初春，天气凉而不冷，百花齐放，树木都缀着青青的嫩芽了。公园里游人比树木还多。广州的公园有十多所，面积总计约占全市面积的百分之二，其中以中山、白云、粤秀、中央四园为最大。

中山公园靠近石牌，旧名石牌林场，是冈陵起伏中的一个森林式公园。那附近有赛马场、贫民教养院、中山大学新校舍、省政府合署等。白云公园就在白云山麓，依山栽花木，建造亭台，另有风趣。粤秀公园就是粤秀山，那是每个游客必到的名胜。中央公园在维新路底，那儿每晚都有音乐和演说播放，是全市公园最热闹的一所。园的后段有市政府合署，金碧辉煌，宏敞壮丽。广州的公园大都以古迹和天然风景的所在为园址，余如惠爱中路的永汉公园，那里面陈列有著名的“铜壶滴漏”；净慧路的净慧公园，那就是从前的净慧寺；海幢寺所在的河南公园，那里面留有古旧的天王殿和被人传为神奇的鹰爪兰;二沙头东边的中流公园，那就是珠江上的“中流砥柱”。

清明时节，人们都踏青去。花埭和粤秀山，这是两个挺热闹的地方。花埭在市的西南，珠江的南岸，从沙面坐“孖冷艇”去，只要二十分钟就到了。那儿真和它的名称相符，花团锦簇，五彩缤纷，绚烂夺目，尽够你看个饱。在花埭大通滘口有大通古寺，所谓羊城八景之一的“大通烟雨”，就是指这地方；还有广东特出的一种水果——杨桃，以这儿的最为佳美。粤秀山在北市，整个山就是一个公园，有汽车道，也有人行道，随你喜欢拣哪一条登上去。上头矗立着一座五层的镇海楼，赭色的墙，赭色的柱，真是古色古香，矞煌壮丽。据说这楼建自明朝洪武十三年永嘉侯朱亮祖，经过了许多次倾圮重修；那儿挂有李棣华的撰联：

“万千劫危楼尚存，问谁摘斗摩星，目空今古;五百年故侯安在，使我倚栏看剑，泪洒英雄。”

看剑不看剑倒不要紧，更无需洒泪，你是来游览的，不妨倚栏眺眺全市的形势。如果你有兴趣，可以看看古物，市立博物院就设在楼内。下楼后进仲元图书馆去浏览一下，出来转上观音庙的旧址去瞻仰总理纪念碑，那儿是粤秀山的最高峰。下了山来，要是你觉得肚皮饿，最好踏进酒家吃“一卖”炒沙河粉，那是广州特产之一啊。

阳历四五月，雨量最多的季节。滴滴答答，呼啦呼啦，一阵雨，一阵风，一天都是这样，有时一连几天。天晴，西南风熏着街头，流进窗户，使得满地像淌了水那样潮湿。

红棉的花朵，像拳头那么大，开得满树通红，到了夜晚就像雨点似的落下，然而第二天又是一树血的花。红棉中一种木本的花，没有香气，也不结果，树干高的四五丈，低的也有一半，市区内植了很多，这是广州的市花。

那时小姐们换上软薄的衣裳了，露出黧黑的臂、黧黑的腿，两颊仿佛红棉花那样鲜艳。

夏天，太阳像个火盆，照着马路，照着屋顶，照着每个没有戴帽子的行人。有时天边移着一团黑云，飞着，你还未来得及把伞拿出来，雨点已经滴碌滴碌地敲着你的窗门了。不一会，云散天晴，空气带点潮湿，从屋里出来的人吐了一口气，自言自语着：“好在呢（这）场雨！好在呢（这）场雨！”

青年们，男的，女的，手里是一个藤制的提夹，脸上是不断的微笑，一对对、一队队向着游泳场。在广州，每个青年就是一条鱼，他能够在水里浮沉跳跃，把他整天的时间消磨在那儿。

游泳场，市的东西南北都有设备，私人的，团体的，公共的，每年由五月至九月，日夜开放着，日夜都是那么挤拥着人。其中最宏大最热闹的，自然是东山水上游艺会。游泳棚建筑在江上，人在江流中游。那儿有跳台，有座椅，有小划子，有饮食部，担保你流连一日也不厌。如遇端午节，坐在棚上看看乡人竞渡，那才有趣呢。

晚上，市西荔枝湾是一个好玩的地方。你要往那边去，得把晚饭提前一点，好早些起程；不然的话，小艇给人家租光了，你只在岸上看看荔香园、荷香园、儒林园，那是不够味的。要是坐在小艇里面，让夹岸的绿树在你的身边行走，让南风轻滑的手在你的脸上抚摩，让荔香、荷香和衣香在你的鼻孔流转，你想想这是多快意的事。你尽这样的享受罢，到了舍艇登岸的时候，你不要忘记吃碗“艇仔粥”，那是荔枝湾有名的食品，也许你吃一碗还不够。

水果摊上挂着一球球的，是荔枝；街上小贩挑着一筐筐的，也是荔枝；主人敬客捧出来一盘盘的，还是荔枝。这东西，外壳是粗涩的、殷红的，果实是奶白的、鲜甜的，中间有个核子，小的要几毛钱一斤，核子大的只要一毛钱就成了。苏东坡曾有这样的一句诗：“日啖荔枝三百颗，不辞长作岭南人。”你们由此便可想见它的味道了，不一定要尝过。

市面上多的是水果，除了荔枝，还有桃子、李子、芒果、黄皮、番石榴、龙牙蕉……种种色色，一种完了，另一种又摆上，一年到头，果子在告诉你时间的飞逝。

当你吃着沙梨、龙眼、杨桃、绿柚、柿子、椰子的时候，秋到南国了。南国的秋，没有萧索，也没有冷落，日间天气还是和夏季一样爽热，晚间熏着从海上来的风，使人得到爽快的睡眠。

中秋节前一个月，茶居的门口就挂上“中秋月饼”的招牌了。广式月饼是全国著名的，你可曾吃过？那种饼，形圆而扁，外面被火烘成赭黄色，里面的馅分咸甜两种：咸的有所谓咸肉、金腿、叉烧等等，甜的有所谓甜肉、莲蓉、豆蓉、豆沙等等。在街上，到处看见妈姐穿着浑身黑胶绸，拖着一条长长的辫子，手里拿着一盒盒的月饼和绿柚、鸡和鸭等，替主人送礼去。

中秋，在广州是很热闹的。家家户户的天台或庭前摆着一桌月饼、水果和香芋，一家人坐在月下谈笑着，小孩子放鞭炮，唱着“月光光，照地堂”的曲儿。如果你要夜游，最好上荔枝湾去。站在海珠桥上看看“珠江夜月”也是很不错的。

重阳登高，白云山是市民最多的目的地。山在市的东北，高约三千尺，气势雄挺，仿佛是广州的屏壁。你从仓边路乘公共汽车先到沙河，再由沙河向北行去，坐在山麓休息一会，就用劲沿着石级往上登吧。石级有两层，每层都有三百多级，你觉得疲乏的时候，不妨在两旁的椅子上歇歇，一路尽是风景，你不要尽管登山吧，把九龙泉、郑仙岩、濂泉寺、蒲涧寺、景泰寺、能仁寺、白云寺等名胜放在眼后。羊城八景中的“蒲涧濂泉”和“景泰归僧”就在这上面，不过年湮代远，已经今非昔比了。你可不要失望，更不宜触发起怀古的幽情来，还得加点油，登到山顶的摩星岭，遥望一回，所谓“白云落日”，大约就是站在那儿看的，但是看得落日来，却找不着路径下去，你还是早点儿走好。

秋，菊花的季节，你要是有闲情，可以往公园去鉴赏。广州人不单赏菊，并且尝菊。他们把鲜美的白菊花瓣剥开来，放在粥里，放在汤里，一口一口地嚼。

当“本号著名龙虎会”这样的牌子挂在酒楼门前的时候，那是一年最后的一季了。所谓龙虎会，便是三种蛇和猫肉放在一起熬熟的食品，据说是非常滋补的。广州的饮食，不只以精美著名，奇异也是它的特点。蛇，那样可怕而又有毒的东西，别地方的人连看也不喜欢，广州人却把它做成名贵的菜。猫和狗，许多地方的人也不吃的，广州人又是例外。

冬的广州，天空是明朗的，空气是干爽的，虽然有时早晨的地面盖满白皑皑的霜，但是太阳出来，到了晌早时分，你也许感觉穿件棉袄有点燥热，非得换上夹衣不可。偶尔也刮刮北风，华氏表降到四十度以下，但那样的时间不会长久。雪，那儿是没有的。人们没有看见过雪，把一块块的冰误做雪，所以冰淇淋在广州叫作雪糕，冰冻汽水叫作雪藏汽水。皮裘在那儿也不多见，虽然有些时髦的缘故。如果你是个健康青年，你的棉衣夹衣和单衣一定是放在一个箱子里，按照当天的寒暖来穿的。

市上多的是甘蔗、香蕉、橄榄、橘柑、橙；街头巷尾的晏店门前，站着个伙计，大声嚷叫:“糯米腊味饭！香滑嘅（的）腊味饭！”梅花早就开遍了。你要赏梅，黄花岗尽够你盘桓一天。黄花岗就是七十二烈士坟场的所在，位于东门外永泰村的东北。你到那儿去，先在洁净的水门汀路上徘徊一会，看看苍翠的树丛，站在自由神下凭吊一番辛亥革命的先烈，其次鉴赏巍峨的碑碣，细看大大小小的碑记，熟读黄克强先生的题联：“七十二健儿，酣战春云湛碧血；四百兆国子，愁看秋雨湿黄花。”最后走出坟场闲看岗外的梅花，不光看还得嗅，在那香雪海中，你尽管陶醉，做你的白日梦吧。

温暖的南国，连冬天也是温暖的。生长在那儿，天天对着那迷人的景物的人物，心里是多温暖啊！

（《文化建设》一九三五年第二卷第三期，原题《广州剪影》）

孙福熙：
广州这个名词，对于我是觉得浑身舒服的

孙福熙（1898—1962），字春苔，浙江绍兴人，孙伏园之弟。曾两度留学法国，历任国立杭州艺术专科学校、浙江大学、中山大学等校教授，《艺风》杂志主编。

广州，广州这个名词，对于我是觉得浑身舒服的。

这一次旅行到这可爱的广州，我见到三个特点，也就是三个新的发现。

第一，我发现这广州的地面是铁做的。广州的自来水管多露出在地面上，沿着马路，如懒蛇的伸展，到了人家的门口，一条是伸进区家去了不提，这一条伸进了邝家的门，从头门进二门，经过客堂，曲曲折折地到了厨房，另一条从楼梯沿上，到了二楼的黄家。如果街路对面姓张的要装自来水，就在这门口的马路上面横伸过去一条铁管。每一条街上就有许许多多的横管，人力车拉过来，先爬上这条铁管，又立即爬下，一条街上有好多次，好比低栏赛跑的样子。倘若广州的地面不是铁做的，何以自来水不藏到地下去呢？

说到赛跑，广州有一种汽车的赛跑，为其他城市所未见，这是

我第二个新发现。广州的公共汽车是商办的，各公司各路各自为制，形式与办法颇不一律，也因为这个缘故，前面的公共汽车飞奔前进时，后面的另一公司的公共汽车，就视若无睹地超越过前车。广州的公共汽车照习惯是不按站停车的，停站上下客的时候，后面的车就飞奔地超越过去。两个大汽车在街上并行是常见的，加以对面来的，于是马路上常见三个公共汽车并行。

这种赛跑好看是好看，不免使观众惊叹。

第三件新发现是关于报纸的。《艺风》社在广州举行展览会，各报多有记载与批评，我因为要多买份报，预备留存，所以到报馆去买，发行部要我每份一毫钱。我说："不是有定价每份五个或八个铜子吗？"他的回答说昨天就贵了。如果更早就更贵。"纸贵洛阳"原是古已有之，如此贵法，乃是闻所未闻。走到别家时，有说两毫一份的，有说七毫一份的，那就不是新闻了。有一个新闻是在另一个报馆，楼下排字房的旁边，两个排字工人对卧在一盏灯火面前吸烟雾。上楼以后，烟枪更多了，吸烟的大约是编辑先生了。到了三楼，是总编辑先生的房间，上下一体，与排字工人一样的在灯火面前抽烟，从上到下，或者说从下到上，至少有十一支烟枪，我之说十一支者，并不是硬把八九支凑成"十"的齐头数之意。

如果烟枪可以抗敌，那是"顶呱呱"的了。

广州的好处多得很，但不在本篇的范围之内，所以没有写出来。

广州确实很好的，好的是广州的人，并不是广州的这一块地；然而，还是说：好的是广州的地，却没有好的广州人来治理它。说广州的人好也可以，说广州的地好也可以，总之：如果填补了那个缺点以后，这广州便成了人人觉得浑身舒服的广州了。

（《论语》一九三六年第九十五期，原题《广州的三个特点》）

麦桂芳：
广州人最富有组织能力

讲述人生平不详。

广州，华南第一大都市，在过去具有最光荣的历史，被称为“革命策源地”；尤其值得骄傲的是，在国人自营之市政中，广州是首屈一指的。这里，气候的温和、物产的丰富、风景的美丽、建筑的雄伟、交通的便利、工艺的精良、民智的开通、社会组织的严整、秩序的井然，与乎一切的一切，尽够使未莅临的人们憧憬仰慕，已莅临的人们恋恋不舍；尤其住过相当时候或经过的人们，有着深长的记忆和怀念！

市政建设：比上海尚不多让

广州踞三江之会，背负崇山，面临大海，形势实够雄壮。人口近百万，将珠江南北两岸连贯为一气。全市马路，宽大平坦，两旁

太平路街景　摄于 1930 年代

有甬道行走，不至淋雨。这里也多十几层的崇楼大厦；市区形势和市政设备，许多地方类似上海，整个的长堤，简直是上海的外滩；永汉路大商店鳞次栉比，热闹拥挤，又简直是上海的南京路；河南区的整齐简洁，比上海浦东区有过之；广州东山一带，道路的整净，树木的繁茂，形成最清静幽雅的住宅区，比之上海西区静安寺路愚园路一带，又何多让？虽然广州劫后破坏情形较上海为甚，但是上海过去旧租界市政无论如何完备，不是中国人自办的，是国人最可惭愧的一件事！

广州在过去虽然有租界，但这租界系英法两国的，都在沙面，地方小得可怜，广宽不过四百余亩；虽各国领事馆和洋行都在这里，但并不繁盛，好像住宅区；过去外人势力不易膨胀，这是广东民族性的成绩。

热情豪爽：最富有组织能力

初到广州的人，首先感觉到的特征，是广州市民性情的豪爽，富有胆略和冒险精神，尤以组织能力坚强，遇事能团结一致，最值得嘉许。广州市民过去对于革命的贡献，公益慈善事业的捐助，与夫救灾恤贫，较之其他地方，不致有逊色。广州市内各种大规模公共事业，办理得井井有条，无论大小事件，可以一言为定，绝无反复欺诈；不但上流社会是如此，即使马路上的人力车夫、码头上的脚夫，决不会向陌生人敲竹杠和啰唆。旅馆酒楼的侍役，不会额外需索小账。抗战以来，广州发生过不少次的饥荒，饿死了不少人，但伸手求乞的叫花子仍是很少，也可说仍是没有叫花子。

广州最近也像上海般仿佛流行性感冒：怠工、罢工和罢课；请愿的风潮，风靡一时；最耸动听闻的当为公务员的大请愿。秀才造反，三年不成。一个地方全体公务员有组织地团结起来，本来不是一件容易的事，但在广州却来破天荒的创举。广州公务员为了受物价高涨，待遇菲薄，生活压迫，组织起公务员福利协进会，提出许多改善生活的请求，全体向当局大请愿。他们以自身的力量，组织员工眷属合作社、联谊会、图书馆、子弟学校，至全市各中等以上学校教职员一致的“请假待命”，步骤整齐，也为他处所未见。这里便可看到广州市民——广东人的民族性、组织能力的表现。

食在广州：现在是饥不择食

“食在广州”，这在过去是谁都承认的。广州市可说是十步一酒楼，五步一茶室。过去有名的四大酒家，里面布置得非常华丽，一切用具极精良雅洁；每家均同时可容两三千人，规模之大，实为他处所未见。但同时有平民化的小吃馆、小茶楼，以低廉的代价，供给一般小市民劳动大众享受。且每日由清早、中午至深夜，均有各家茶楼分门别类，各做各的生意。广州既处在珠江三角洲富裕地带，有江有海，水陆食物本来就非常丰富，且过去以交通的便利，粤省各地名产，均以广州为集散地；加以外国的食物，如世界有名的西贡米、暹罗芒果和其他的一切，源源而来，因之，食品各色各样，应有尽有，且名目繁多，并特别雅致，外来人士有时竟至觉得莫名其妙。广州气候温和，衣的方面，尽可简单朴素，不成什么问题。大家都注意到食的方面，各阶级都各有办法，一只鸡或是一条鱼，均分几部分出卖，适应各人的需要。广州市民对食的讲究，全国中可算第一！最近物价飞涨，生活不易，尤以米价之高，为全国第一，日日有饿殍，少数发到国难财胜利财者，尚在恣意挥霍，中下人家欲求一饱，尚不是易事，大多数的市民实在是饥不择食了！

红棉灿烂：何曾衣被到苍生

广州现时米粮虽甚恐慌，但水果仍非常丰富，一年四季均有新鲜水果可食。现在春夏之交，新会橙、四会橘虽已过时，而荔枝又上市，洋葡、龙眼将接踵而至，凤梨、番石榴又累累满树，香蕉是最普通的水果，同甘蔗一般是最平民化的，直至现在，广州水果的价廉物美，仍甲全国各地。

广州因地近热带，产生许多为国内所少见的嘉树，其中以红棉为特出。广州以红棉为市花，市民对红棉的欣赏、留恋，发生无限兴趣，大概相当于日本人对于樱花一般。红棉树大可合抱，高数丈以至十数丈，雄伟高昂，具有超特品性，无论与何种树并植在一处，红棉渐次生长，必高出他树，表示卓绝不群的雄概。并且根基深固，任何狂风暴雨都未能撼动摧毁，因之，粤省人士称之为“英雄树”。

花大如碗，红如山茶花，自含苞以至萎落，色彩始终不褪。这种色彩像火和血般热烈，象征着热情、生动、发展、繁荣、强有力、独立不群的尊荣和高贵。每当红棉盛开时节，广州市民如醉如痴，流连欣赏，尤其雅人逸士每喜在树下饮酒赋诗，竟日乐此不疲。现在虽然是劫后，地方破碎，疮痍满目，一般人士对红棉兴趣仍如往昔。棉絮纤维至短，不适纺织，只可供作枕垫之用，未能衣被苍生，实为美中不足！

越秀连峰：中山堂依然雄峙

广州自抗战以来，屡遭轰炸，白云山胜迹已破坏无存。越秀（俗名观音）山并无所损失，中山纪念堂在越秀山前面，依然雄峙无恙。这是孙中山在广州就任非常大总统时的总统府旧址，曾在此蒙难。堂系中西合璧式的建筑，上下一共三层，红柱画梁，于堂皇中带严肃。进大门后，里面是一个大会场，共有四千六百个座位，这是广州三大建筑物之一。山腰左边为“孙先生读书治事处”；山顶全市最高的所在，有高达七八丈的纪念碑，在碑旁纵目四望，全市景物悉入眼底！

碧血黄花：浩气长存天地间

初到广州的人士，谁都要首先瞻仰黄花岗七十二烈士墓。黄花

六榕寺古塔　摄于 1920 年代

岗在广州东门外的河东路，为辛亥革命七十二烈士埋骨的地方；自民国成立以来，许多革命先烈和对国家有功勋的人，也多在这一带地方安葬，可称为革命先烈墓区。当辛亥三月二十九日广州起义失败，革命健儿被清吏残杀，付与各善堂埋葬臭岗。有党人潘达微者出来奔走呼号，共收得七十二具，始得葬于黄花岗。民国成立，胡汉民先生任广东都督，提议修墓，七年方声涛又出资重修，以后由前故国府主席林森主持整修并加建纪功坊和碑亭，以后粤省当局时加修葺，故墓貌至为庄严伟大。二十七年冬广州陷落后以至现在，敌伪均未加破坏。

广州市区的胜迹及风景如六榕寺、荔枝湾、光孝寺、琶洲都值得一游。珠江中原有一小洲名海珠，前时辟为海珠公园，地方虽小，但风景却甚佳；惜以后被填为新堤大马路，并建有许多房屋，使海珠名称成为历史陈迹，殊可惜。

附近风光：黄埔从化佛山镇

广州市郊风景甚佳，附近城市，尤多胜迹，值得一游。兹以广州为中心，就当日可以往返几个重点地点分述如下：

黄埔，在广州下游三十里，前曾建筑粤汉铁路黄埔支线，由广州南站直达；由珠江乘小汽艇，不到半小时便可到达。街长七里，市肆栉比，为前海军根据地，自民国十三年，孙中山创设黄埔军官学校以蒋介石为校长，遂成为国民革命主动力的发祥地。港内水深，可泊巨舰，大海轮未能直达广州者，以此为起卸货物。抗战前曾着手建设为商港。

从化，距广州市五十余里，有公路通汽车，当日可往返。这里有温泉区，温泉多处，即沙溪中也有温泉热水流出与清流混合。又有香粉、飞虹、百丈飞泉等瀑布，天然风景至优美，为夏日游泳避暑胜地。

佛山镇，距广州三十余里，有粤汉铁路广三支线可通，镇为前时全国四大镇之一，民国以来，将南海县治由广州市内迁设于此。水陆交通便利，舟车络绎，商业甚繁盛，工业尤发达，为珠江三角洲上工商业并盛之地。古迹甚多，以全国闻名之大佛庙为最。

此外，如江门、大良、中山等地，均当天可到达，如时间可能，亦值得一行。

关于红棉

南海张荫桓号樵野，清末光绪间官户部侍郎。未遇时家故清贫，而放荡不羁，行为颇有为世所诟病者。以后显贵，则多有表现。戊戌政变，以参与康（有为）梁（启超）计议，谪戍新疆，庚子为刚毅矫诏死于戍所，时论冤之。尝自号“红棉老”，其戚某作红棉诗以调之，中有“一条光棍起凭空”之句，张因此憾某以至终身。诗为：“从来槐棘誉三公，谁识红棉位少农？半世英雄夸独异，一条光棍起凭空。繁华毕竟归摇落，衣被何尝及困穷？莫谓欲弹弹不得，二槌方议撼长弓。”二槌云者，粤语槌与徐音相近，时都下盛传徐致祥、徐郙有劾张之说云。

（《旅行杂志》一九四六年第二十卷第五期，原题《广州的暮春》）

何仲勔：
广州也可称为南国的乐园

讲述人生平不详。

当我踏上了广州的土地时，我的脑海里突然涌起了一长篇可歌可泣的革命血史，广州，这有名的“五羊城”，多少人在这里丧失大好头颅，多少人在这里流去无限鲜血，他们都是纯洁地真诚地勇敢地为了同胞们的自由牺牲的。一部推翻清朝史离不开广州，一部扫荡军阀史离不开广州，一部孙中山先生传又离不开广州。广州实在是和南京、北平鼎足而三的政治都市，凡是具有历史意识的知识分子，一到广州，总要去访谒那些具有深刻意义的历史古迹，像观音山下的中山纪念堂、山上的中山纪念碑、白云山下的黄花岗七十二烈士墓、红花岗四烈士墓，以及朱执信墓、史坚如墓等；尤其是黄花岗七十二烈士墓，留给我的印象太深刻了！长长的甬道，静静的墓亭，森严肃穆，宽广整洁，气象伟大，使人生发“高山仰止，景行行止”之感。到此环境，使三十六年前这七十二位英雄为国牺牲的壮烈事迹，慷慨陈词、从容就义的样子，都好似我目睹过一般的一一呈露在我眼前了。

我一到广州就赶快脱衣服，四月中旬，上海正是风和日丽、春光明媚的季节，而广州却已骄阳炙人了。绒线马甲、花呢西装都已不合时宜，这儿的人面庞晒得黑黝黝的，新派穿了白西装或香港衫，老派一身黑香云衫裤，我没有瞧见过一个穿长衫的；女子除了单旗袍之外，有的穿着一身一色的短袖衫大脚裤，据说这是流行时装，但穿者殊少。

到了广州，荔枝湾不可不游，当游艇把你摇出了湾时，你就可看到远山近水、碧树广田而感到心旷神怡了。两岸矮小苍翠的荔枝树，告诉你这是名副其实的荔枝湾。在荔枝湾坐艇摇荡三四个小时，欣赏自然的风光，比泛舟杭州西湖还来得幽雅美丽；西湖的两旁，人工的柏油马路，呜呜的汽车声，实在是杀去不少风景。

广州的公园，我曾到过中央公园和汉民公园。中央公园，面对广州市政府大厦，地位幽静，面积广大，树木繁盛；汉民公园似有闹中取静之势。两公园都备有收音机，广播时刻、新闻、歌曲、戏剧等，电台小姐每隔一小时用准确的国语报告时刻，使游客便利不少。东山有东山公园，听说风景很美，但整个的东山，便是一个公园，因为这儿是高等住宅区，精美的洋房、苍翠的树木和山的本身，都是一幅美丽的画。有一个阴天我和友人们在附近公路经过，望见山被云蔽，或成紫色，或呈深蓝，不禁喊出：“好美丽的山啊！”沙面本身也是一个公园，由于车辆无法进入，使沙面成为幽静可爱之区，和毗连的长堤恰成对照，原来通沙面的东西两桥，都有一步一步的石级，所以任何车子无法过桥。这儿一排一排的洋房，一列一列的马路，静悄悄地躺着，偶尔有顽童六七人发出喧哗的声调，麻雀一二，絮聒两声，来打破它的静默。在沙面我们看到少数碧眼黄发男女，因为它过去是租界。沙面和新堤长堤，沿着珠江，立在巍梧的海珠桥上，东西两边是江，舟楫纵横，南为工厂区的河南，北为广州市区，远远地还可看到山和塔。倘使立在市北的观音山上，那便可看到全市的房屋，整个的广州全都收入眼帘了。

从表面上看，广州是很繁盛的：长堤，广州的南京路兼外滩，店面非至十二时不会打烊；此外惠爱路、汉民路等，都是灯火辉煌，行人熙攘；广州普通物价也较便宜，当上海的米价已是三十万时，广州只卖十六七万，当上海吃一餐客饭要四千元时，广州还可吃到两千元的客饭。但广州的东西，尤其是衣和用物，都较上海为劣。广州的马路虽广，还有骑楼可以避雨遮阳，但房屋的旧劣低矮，路面的崎岖不平，比起上海来不啻天壤。不过广州的粤海关、邮政总局等建筑都极庄严，远非江西路上上海市政府所可比拟。

谚云“食在广州”，广州吃的东西，着实不少，像惠爱路上，三步一小馆，五步一大馆。炒黄埔蛋乃广东名菜，味甚可口。水果除杨梅、荔枝、香蕉、苹果外，还有一种大蕉，状如香蕉而较大，味如不甜的桃子，一千元好买四五只。红豆汤味极甜美，名为豆沙，三四百元一碗。冷品冰淇淋名为雪糕，而棒冰名为雪条，雪条比上海的棒冰小一半，价格两三百元一根。广州的面食不注重，面馆中

沙面　摄于 1940 年代

的面，什么云吞面、白鸡面，一律用饭碗，吃得人不痛不痒，显然是只当点心不当饭的。花生米、花生糖等也很缺乏，老大房之类的茶食糖果店，绝无仅有。

在饭馆里，在公园里，常有擦皮鞋的来兜生意，价三百元，也比上海便宜，但不像上海在马路设摊；倒是有种照相摊，专替平民拍照，随拍随洗随印，为上海所没有的。

广东是不用破钞票的，大至万元钞，小至一百元两百元和十元二十元间金（额）无不全整，毫无破烂。

广东人告诉我：广东遍地皆山，缺乏平原——田地太少，所以许多人被迫向外发展，或经商外埠，或远赴南洋美洲。是的，广东山是多的，从香港到广州，沿岸都是青山；虎门的形象，尤为险要，使我想起林则徐在这里烧英商鸦片的事。

平剧和粤剧是中国最好听戏剧，广东戏在上海也可听到。在广州，还有粤语电影，声光演技剧材，当然不及上海，但座价不贵。广州的报纸有《华南日报》《广州日报》《国华报》《越华报》《中山日报》《大光报》《每日论坛报》等，香港来的《星岛日报》在此颇有销路，上海的《申报》《大公报》等难得可见，也见过《新闻周报》《文汇报》《中央日报》，但从未见过新闻报。广州的文化，显然很贫乏，书店所售的杂志，百分之九十九来自上海。

广州市的交通，很是便利，市区有十二条路线的公共汽车直达各地，各车票价一律五百元，军警四百元。由广州到黄埔，可乘维新南路的野鸡车，每人三千元，一小时到鱼珠，对面便是黄埔了。

黄埔是孙中山南方大港的中心地，现在大轮不能开到广州的，都停泊黄埔。若从市区赴石牌，则可乘中山大学校车，石牌中山大学的环境比上海任何一大学来得优美。

从广州到湛江（广州湾）、梧州、香港、中山、澳门，都有内河轮船可通。广九铁路快车，四小时半可抵九龙，粤汉铁路快车，五十小时可抵武昌。从广州乘飞机到上海，四小时可达，乘海轮约四五天。

现在广州已将改为直辖市，广州的主要性可知。在北地烽烟的今日，南国显然是比较安定，而广州也可称为南国的乐园了。

一九四七年五月二十八日

（《伉俪月刊》一九四七年第二卷第三期，原题《羊城杂写》）

第二编 独特民性

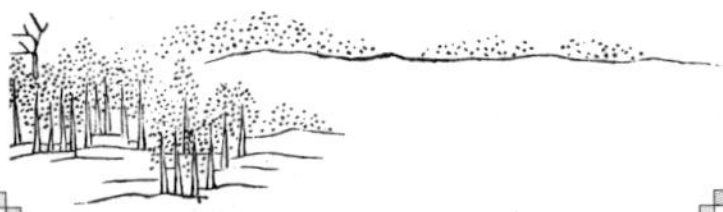

曾传轺：
旧说多以为岭南瓦屋始于唐

曾传轺（1910—1935），字云馗，广东新会人。师事黄佛颐，长于考据之学。能诗，兼工小楷，清雅古朴。著有《曾传轺遗稿》等。

本刊编者以黄仲琴先生近撰之《瓦屋及其传说》一文见示，属书其后。（【按】黄君持论，约有两点：一、谓岭外人民，得居瓦屋，在汉以后。二、民间瓦屋，有铺瓦与粘瓦之分，宋时粘瓦最贵，非民间所能用。）轺于此二说，咸未敢赞同。兹略疏其意见如下：

一、旧说多以为岭南瓦屋始于唐。（【按】《旧唐书》宋璟本传云："广州旧族（疑当作俗）皆以竹茅为屋，屡有大灾，璟教人烧瓦，改造店肆，自是无复延烧之患；人皆怀惠，立颂以纪其政。"）阮修《广东通志·宦迹》引唐颜真卿《宋公神道碑》，张说《宋公遗爱碑》，宋蒋之奇赞其说均同。又《齐物子复传》云："转岭南节度使，教民作陶瓦。"又《杨于陵传》云："出为岭南节度使，教民陶瓦，易蒲屋，以绝火患。"（【按】齐物子复节度岭南在贞元间，而于陵之节度岭南则在元和初，均在璟之后，岂璟时所改造者"店肆"，而子复、于陵所改造者民居耶？是不可考矣。然其谓岭南至唐时始有瓦屋则同。此《唐书》说，前人多信之，并以见岭南民俗之陋。但近年因广州近郊古物之发现，始知其不然。其在东山寺贝底一带所发现之南越时瓦，亡虑数万；粤人多有藏之者，余则撰有《两越朝台残瓦考》一文以证之［见《考古学杂志》第一卷第一号］。此外广州市内，亦有之，而以惠爱西路广东省教育厅后园［即今净慧公园］所发现者最著。其形制文字咸同，疑当时不特宫阙官廨有之，即寻常民居亦有之也。但因市内营建翻造既多，遗物尽毁，故无从取证。）

此外尚有一重要发现者，即为陶屋。余所见陶屋凡二十余座，均广州市近郊出土，其确有地点可考者：一为东郊木塘冈汉冢，二为东山猫儿冈澳冢（以上三座现藏广州博物院）。又黄花考古学院曾在西郊大刀山附近，向乡民购得陶屋二均残破，待粘补。(【按】大刀山有晋冢，其附近一带出土之器物，依其釉色形制考之，亦晋物也，故此二陶屋亦当为晋物。）各陶屋之屋面，均有长方形之突面土，界以横线，极整齐，盖即状屋瓦之形也。又黄花考古学院所藏陶井四座，均有井亭，其面亦有突土，惟横界则作半弧形，俨然叠瓦鱼鳞之状。以此考之，是汉时广州有瓦屋，图信而有征。(【又按】《太平御览》七百五十九引有《梁皇太子谢敕赉广州瓯》等启（严可均《全梁文》以为皇太子即梁昭明太子），是梁时广州瓯已充贡品矣。既能制瓯，当能制瓦；既能制充贡品之细瓷，则其能制民间用之粗陶瓦而无疑矣！）

二、黄君据《随园随笔》引《宋史·郭进传》及《螺阳文献》

西关瓦屋　摄于 1910 年代

引黄宗旦《铺锦记》，以证筒瓦非民间所能用。（【按】史文多阙略，或且错误［如《旧唐书》以为广州有瓦屋始于宋璟其例也］。然或为宋初之制，亦未可知。）至《铺锦记》云云，则小说家言，多得之道听途说，未足据为信史。（【按】刘恂《岭表录异》云：“瓦屋子盖蚌蛤之类也，南中旧呼为蚶子头，因卢钧尚书作镇，遂改为瓦屋子，以其壳上有棱，如瓦垄故名焉。”）（【按】《说文》：“垄，丘垄也。”段注：“高者曰丘垄。”故得引申为高貌。所谓瓦垄，当指瓦脊而言。）脊用筒瓦，可见唐时用筒瓦，固无限制也。

又本市出土之陶屋，有极简陋者，疑为寻常百姓殉物，然亦有屋脊也。是知筒屋最贵之说，殆非实录也。

大抵居今考古，史阙有间，文献已不足征，非得实物，无以征验，此王观堂先生之所以有二重证据之说也。地不爱宝，后出转精，其持此篇，以当息壤。

（《民俗》一九三三年第一百一十九期，原题《广州瓦屋考源》）

静　观：
赌是广东人的三大嗜好之一

讲述人生平不详。

好赌本是广东人士的天性，好像是生活上不可须臾离似的。上年中委张继先生奉命使粤，临行时，就社会观察所得发表谈话，就以赌是广东人的三大嗜好之一，可谓观察深刻、一语中的了。其实那句话是不难说的;因为赌的烟幕，已经整个地笼罩住广东全省了！现在先就革命的策源地、广东省首善之区、被称市政迅速进步的广州市来说吧：如果你不是一个聋子，那么，你一踏上广州市码头，置身广州市区，无论是茶楼酒馆，或是旅舍饭店，那“劈劈啪啪”的竹战之声，就四面八方、上上下下地来送入你的耳鼓里，可以从朝至晚，不稍停歇。你如果是不好此道的，听了就会使你胸闷、头痛、讨厌！若是和她（广东人称麻雀为十三姑）有缘的，却足使你听了开心，像苏东坡的诗句，大唱其“日玩麻雀十二圈，不妨长作广东人”了！其次，最易映入你的眼帘的，是彩票。代收彩票的店家，触目皆是。“第一名本号带”“第 × 名本号又带”的横匾直额，挂满了带家的门口在飘扬着；说不定你经过的时候，就是他带了第 × 名，燃放串爆来庆祝的时候哩！“买铺票（彩票之一种），发横财”，已经成为广州市的社会运动了！这两种，是很普遍的情形；不必具什么优越的学问，下怎样深刻的观察，都可以耳闻目睹的！

麻雀，在广东是有特殊的势力的；虽然它也通行于外省，甚至通行于外国，但是外省（外国更不必论了），是万万不及广东这样深入民间的。广东的人们，视麻雀为日常唯一的娱乐品，不论是衙署中的官吏、学校中的教员、家庭里的太太小姐、生意场里的富商巨贾，无不以玩麻雀为独一无二的消遣品！凡设有宴聚会，没有麻雀，是认为无以表示欢悦的；凡有交结来往，没有麻雀，是认为无以表示亲热的。一遇四人相聚，就为“法定人数”已足，马上开其“常务会议”了！或者三人缺一，就多方设法，大拉其“脚”！阅者或以为这不过是有闲阶级的情形罢了，谁知多忙阶级，也是这样的！一般贩夫走卒，婆妈妹仔，也必于百忙中，抽暇来玩；或于午夜工夫完毕之候，或伺主出外未归之时，匆匆忙忙、战战兢兢，玩其四圈，或者八圈，以满足其“久吊之瘾”（有瘾而不足，谓之吊瘾）！甚至仅逾十龄、乳臭未干的孩子，也集合其小朋友，围台共玩，大喊其“黐拍碰叫”哩！

彩票也是深入民间的赌博。通常分为山票、白鸽票和铺票。这三种票，都是猜字的，不是猜号码的。例如山票，是拿几百年来深入民间的《千字文》作为赌具，于这一千字中，选定“天地玄黄……

遐迩一体”共一百二十字；下注的便于这一百二十个字当中圈出十五个字，开彩的也于这一百二十个字内开出三十个字。如果你圈出的十五个字，中了十一二个，便可得彩。若头彩独得，当最旺的时候,可得奖金五万余元。下注的,每条不过一角五分。以小小本钱，可博巨大的奖金，这何止“一本万利”！又何怪乎民众的赌兴勃发如蚁附膻呢！白鸽票的办法，和山票差不多，不过本钱较小，奖金也不大罢了（一二仙下注，奖金不过数百元）。这两种勾当现在都已衰落，于是铺票遂乘时崛起了。

铺票的办法，也和山票差不多；但是它的规模很大，它的组织很严密；它不像从前的慈善券，也不像现今的航空券。它的门类，有“联榜”“单榜”两种：联榜每条售银二角，头彩独得，有四万余元；隔十日开彩一次。单榜分五角、一元、二元、三元、五元五种，头彩独得，也不过两千余元；每隔三日便开彩一次。两种赌法，都是很旺的，而尤以联榜为更旺。外省人初到广东来，闻及“铺票”一名词，便如堕入云里雾中，每每莫名其妙；即如“铺票”二字，已难顾名思义，求得清晰的解释了！又如上述联榜，售价不过两角，而彩银竟达四万余元；单榜售价，多则五元，最少也要五角，而彩银反不及联榜之多，仅两千余元；这岂不是“令人难索”了吗？谁知道是“有理存焉”的：联榜售价低廉，所以购买的人多；购买人多，彩金自然庞大。单榜售价昂贵，购买的人因而稀少；购买人少，彩金池自然短小。这不是很浅的道理吗？但是单榜彩金虽小，而因为人少竞争的缘故，中彩很觉容易。联榜却和它相反。人们的心理，有愿以厚本博薄利的，有愿以小本博大利的；所以铺票在广东，遂成为民众中心的赌博。三千万的粤人，几乎没有一个不把铺票放脑筋里的。遇有“生熟事”（喜事或丧事）必设法点票,以为必易中彩。平时呢，朱立仙扶乩，××庙睡梦，是司空见惯的。各家的抽屉里，差不多都有几条票铺票根存着。甚至新年初见的恭喜语，也有“恭喜发财，铺票独得”的话，可见它怎样深入民间了。彩票以外，普遍于民间的，是“番摊”。番摊是否来自番邦？它的来源怎样？现在不能为它作考据的工夫。总之番摊，是赌徒们所认为最敏捷、最公道而又最合算的玩意儿。它的范围，只有四门，任令选择，自由下注;注钱多少，是不拘的。因为这样，所以不论三教九流，男女老少，都可入局；入局之后，都乐不思蜀地流连忘返了。你若投身到比较高等的摊馆里去，就看见许多哥儿姐儿，老的少的，挤拥着赌厅里，凝神注视那个“四方炮台”；有些沉着应战，不发一言；有些是怨愤交并，口中吟吟不绝;面上的表情，是种种不同的。而所谓的“荷官”也者，却高高在上，手拿一根竹竿子，预备将摆在桌面用以赌赛的东西，四颗四颗地拨开，看看最后的是什么数目。口中发出阴阳怪气的声调，一面鼓励人们下注，一面将桌面的钱银狼吞虎咽地拨归身边。一转瞬，为王为寇，变富变贫，都由这国“荷官”决定赌徒们的命运了。这是何等滑稽而又严重的事情啊！据老于此“道”的人说：盖一揭开，马上可以知道它是什么数目；有些还可以根据上几次的数目而推得这一次的数目，很有八九成把握。但是可靠与否和推测的方法怎样，我不是“道友”，恕我不能陈述了。

前举二种，都遍于全省而以广州市为中心；而这种番摊虽也遍于全省，但在广州市的河北邦没有——对岸的河南就大开特开了。这是广东政府掩耳盗铃的手段，大概也是因为省誉——不——市誉——的缘故吧！河南番摊公司的豪华，令你目迷五色：内部则陈设雅洁，外部则灯火辉煌。对于顾客的预备充足，也周到而妥当：华贵的香烟，预备充足；合适的水果，供给丰富；少艾的女招待，更体贴入微。赌徒到此，无不心满意足、乐此不倦了。这是赌馆老板招引赌徒的方法；好像兵家“引敌深入，聚而歼之”的策略一般。然而河南的番摊公司，还不及深圳、澳门的阔绰。

此外赌博的种类，还有许多，像花会啊，天九啊，牌九啊，十五湖啊，升官图啊，鱼虾蟹啊，状元筹啊，骰子啊……真是举不胜举；因为或只通行于某一地域，或还未能深入民心，恕不详述了。现在市政府为维持市行纸币，中山大学为建筑石牌校舍，先后发行类似赌博的券，那就是利用粤人的好赌心理，而益使赌风愈加扩大罢了。

广东的赌风，为什么这样旺盛？这固然由于人民侥幸制胜的恶劣心理所使然，但是官厅的保护提倡，想也功劳不少！每一种通行的赌博，没有不靠政府直接或间接的力量；如非公开，也是“暗护”。赌饷，是粤库收入的大宗，也就是政府公务人员收入的大宗。公私交利，又何乐而不竭力保护提倡呢！所以历任执政者，无论怎样，都不肯牺牲这大宗的收入。以记者所知，唯陈炯明执政时代，能毅然禁绝，虽军事紧急，明知失败，也不弛禁。因此赌博在广东便成为公开而有体面的事业。凡承办赌饷的商人,都极其高贵,极其阔绰,官厅也常常利用他们为缓急之助，如前几个月广东省立银行的纸币低折，也没法维持，于是向广州市唯一的大赌商霍芝庭商借三百万元，做维持纸币的用度；另由香港某银行买办商借两百万元，共凑成五百万元之数，然后纸币的价格，才逐渐高涨，市面才允通用；而省立银行又多了一个姓霍的做副行长了。即此一端，赌商势力的雄厚，地位的高贵，可见一斑了。

这种风尚，深入民间，它的“利”“害”怎样呢？旷时失业，破家荡产，这是常见的事，若女性中了赌毒，那么，丧节辱身，疯狂自杀等事，更时有发生。此外还有特别的弊害:“此种博具，非痞根则不敢承办；饷款奇昂，非行骗则无以获利。所惨者，无知青年，丧志嗜欲，被骗丧生，倾家荡产，时有所闻。至其行骗最酷之伎俩，乃博空头者之一事。身无一钱，而侦知其父兄之身家小康，或声名稍显著者，便即给以巨量赌者，供其孤注。一旦被骗失败，无以清偿，则销押随之;殴打敲诈，无所不为。揆其用意，欲其使闻之家中，备款来赎;与土匪之掳人勒赎，无以异了。甚有毒刑遭毙，弃骸于渠，沉冤莫雪者，亦层见迭出。”这是目击身受的人的说话，想不是凭空杜撰的。

现在省政府似乎已内咎于心，知民意之须尊重，秕政之当扫除，于是有七月十九日禁绝杂赌的命令。省政府此举固令人相当满意，但是我们所引以为憾的，便是：这次政府所禁的，仅属杂赌；赌之杂与非杂，界说殊难分明;好像番摊、彩票，原属杂赌，但若名之为“有奖义会”，就似乎非杂了。然而无论其杂与非杂，其破坏经济、影响道德，为害则一。所以今广东言禁赌，应该不问其为杂与非杂，一概禁绝，才能表示政府的决心，此其一。又这次省令禁赌，其范围不过二十七县市，广东全省共有九十四县，施禁的还不及三分之一。换言之，即容许三分之二（六十余县）的县市，不在禁赌之列，而任令赌风继长增高，这不是滑稽的事吗？即就分期禁绝而言，似应先禁为害较重、病民较深的地方。好像前此新会县民众屡请禁绝杂赌而不为当局所容纳，而这次省令所禁的，也仅为江门一弹丸之地，江门以外，便可以自由赌博了。又如湖仙一带，赌风极盛，应在先禁之列；广州河南杂赌如毛，大足为革命策源地之玷，也应该在先禁之列。乃这次禁令，都不及此二地，真是令人难索，此其二。总之，这次的禁赌，似禁非禁，缺憾很多；愿政府下大决心，无论何种赌博，哪块地方，尽净扫除，以达“弊绝风清”的目的。这是我们于叙述赌风之后所希望的一件事。

（《华年》一九三四年第三卷第三十七期，原题《深入民间的赌风》）

朱　洋：
鸦片烟馆各县无可考查，广州约有三百多间

讲述人生平不详。

阅本刊三十三期文友英弟君的大作《广东的茶馆》后，打动我的心弦，联想到广东的洋烟，因为茶与烟，两者是相联的。广东饮茶的情形，英弟君已说得明白，我便来说广东的洋烟，也想是读者们所乐闻的吧。

鸦片这件东西，祸种灭国，谁都知道的。记得林则徐、陈炯明前后都严禁过，吸食者死。但是广东人，仍然一样吸食，说起来真是很可痛心的事吧。

大概都是北伐筹款，政府遂弛禁洋烟。专卖鸦片取官督商办的原则。成立一个广东禁烟局，各县遍设禁烟分局，表面上似由政府派人负责办理；但暗中仍有富商出饷承办，其任务有二,一为专卖洋烟，一为严禁私烟。如果吸食洋烟的道友，不懂他的规矩，那么禁烟局的老虎，便加你以私卖鸦片，或私设灯局的罪，拘你科罚，

毫不客气的。

闻说广东富商霍某，每月向政府纳饷一百万元，准他专利。霍某便在广东各县分设分局，暗中委派亲戚朋友们之当局长，各按县份之大小肥瘦，认饷若干。各乡村的道友们，也集起资来向县禁烟局，纳烟专卖。这许多卖烟的老板们，便挂起政府专卖洋烟的旗帜，便横行于农村了。因为广东的烟民，除了那正饷负担外，还免不了他们的科罚，所以在禁烟局的职员，外水多过薪水两三倍，至为县的禁烟局长，经过一年半载，尽可起洋房，安乐过活。那么广东民众负担烟饷，每月起码约两三百万，说起来广东的政治，真可痛心；广东的民众，冤枉已极了。

广东的烟馆，各县乡村，数目多少，无可考查，现在不说，即以广州言之，据广东省河戒烟药膏专卖所调查所得，约有三百多间。广东省河戒烟药膏专卖所，就是广州市烟馆的立案处，他的威权，可以指挥全市的烟馆。

广州的烟馆，约可分为大小两等。这大小两等的烟馆个个都在广东省的戒烟及戒烟药膏专卖所领过牌照的。大的烟馆是为 ×× 戒烟室，多设在马路附近的地方通爽洋房。门面上的招牌，是很艺术的。还有白底红字的招牌，高高挂起十分惹目。室内布置，资本雄的，均用酸枝烟床桌椅，分为房座厅座两种，房座交易，小洋一元起码，厅座的小洋四毫，热天行有电扇，寒天设有暖炉，一入其境，夏凉冬暖家私辉煌，招待员名为“琴僮”，笑容满面，招呼妥当，所有烟具尤为精洁。床位起码都有一二十张，三四十张的也有。省河戒烟药膏专卖所，发有床号牌，用白铁制的，镌有阿拉伯字的号数，很是美观。烟膏每盅两毫，系省河戒烟药膏专卖所制售，用瓦盅盛封，加上封条。卖烟的老板，每日向领，八折缴价。但领膏的多少，须照所授之多少领足，有增无减，这是政府劝人多吸洋烟的盛意吧。

烟老板为推销烟膏、招徕顾客，维持营业起见，用尽许多心血劝人吸烟。自然地点是否适当？布置是否尽善？招呼是否周到？与普通营业，是一样关系的。此外更妙想天开，利用美女，招呼顾客，名为“烟花”。烟花受了老板的雇用，也用种种的方法，来招呼顾客。她们的手段，没有一定的方式，大概烟花也有烟花的聪明，一见顾客，招呼两句，便知道顾客的心理，应如何接谈，始能博得他们欢心，源源而来，日日俱到。烟花也晓得做烟的，她们也会和你左右横床，口角生风，娓娓动人，如果顾客是风流人物，她便情话绵绵别有用心，所称高等戒烟室，变为高等 ×× 室了。一班狂蜂浪蝶的色情儿，趋之若鹜，花了一元八角，原抱醉翁之意，当作彼处为风流快活的安乐窝。后经广东省公安局，认为有伤风化，下令禁止，这以烟花生活的女儿们，遂告绝迹，烟馆营业，也受了太大的打击吧。

除了高等戒烟外，还有一种叫作戒烟药条分销处，多在街头巷尾，其顾客又多为一般苦力车夫贫民，在此过瘾而已。所以设备，颇为简单，地方也很肮脏的。所称药条者，并非烟膏，其药条系老板每日向广东省河戒烟药膏专卖所买几两生膏，几两烟渣，混合煮成，磨为烟条，每条铜板十六枚，便可过瘾了。

开设分销处的地方，多附近车夫馆，因为车夫们，多数是吃烟的。车夫馆愈多的分销处，他的营业越旺。近年来烟老板，更进一步，竟在车夫馆附设分销处，车夫们上午六时起，至下午十二时止，都是工作的时间。所以分销处营业的时间，也早上六时至晚上十二时，车夫们除了工作的时间，便可回到分销处，分销处也已停止营业，烟床可给车夫们睡觉，每月还可收一元八角的宿费，因烟老板可以准他们先吸烟记账的，只要他日日交易，越多越好。两者互有利益，互相维持。

烟馆的人是很复杂的，高等戒烟所消费较大，起码都要四毫，才敢光顾，这种人自然人品较高，分销处因十六个铜板，便可开灯交易，下等人日间无事，到这里去消闲，横床直竹，吞云吐雾。道友们自然大家不相识，但开口一问“贵姓大名”，便彼此扳谈。他们谈的材料，国家大事固谈不到，但市内新闻，为“公安局在永汉路破获拐匪”“大东路男子被掳”“某旅店学生自杀”等等一类的话，你知多少，他知多少，总计起来，便成了侦缉们的线索、采访员的材料。所以许多侦缉员常常利用分销处，做他们工作的地方。

闻说广东省政府三年施政计划中，有禁绝鸦片的一件事，广东省参议会署今年八月十五日开第三次大会时，议员诸公，特根据这个三年施政计划，一致议决，“函请省政府于廿五年一月一日起实行禁绝鸦片”。仰见衮衮诸公，革除秕政，为民除害，很望广东省政府，虚心接受，通令实行。为广东同胞放一线的曙光吧！

（《人间世》一九三五年第三十八期，原题《广东的鸦片》）

微　月：
在花子们看来，“开门”的确“大吉”

讲述人生平不详。

开门大吉　旧历除夕的深夜，有些高等叫花子“大骨”之流很有组织地分派手下的“乞儿仔”，按地段去粘贴一种吉利标语。这种标语是一张横三寸直四寸的红纸，纸的四周围着木刻斑驳而古拙的图案，中有“开门大吉”四个字。铺家或住家在元旦的早晨，爆竹一声，开门见“吉”，认为一种好兆头。花子们利用这些心理，在那天的下午便调查户口似的挨家挨户“对牌收钱”，无不顺利。在花子们看来“开门”的确“大吉”了！

财神到　这也是花子们一桩生财的玩意儿。他们裁了些红纸头，印上“财神”两个字。跑到人家的门口，嘴里嚷着“财神到”。接着又唧唧咕咕地念四句谶语式的儿歌，就向主人讨“利是”（或写“利市”或“丽是”）。主人们大多数是爱听吉利话的，三几个“仙”的相与满不在乎。于是接了“财神”，收了红封包的“利是”，交易而退，各得其所。

发财大蚬　元旦的早晨天还没有亮，大街小巷便有人挑着蚬子，不绝地喊“Fatttsoir Dayhiin”,生意总不会差。因为既“发财”又“大显”，是一句很吉利的话头，自然买卖不恶了。

拜年　正月初“细纹仔”之辈都穿着靓衫欢天喜地跟着尊长辈往亲戚或父亲辈的家里去拜年。见面的时候说声“恭喜”，跟着来一个深深的鞠躬（从前是拜跪的），同时大人们也演一套比平日异样一点儿的见面礼。行过礼以后，主人让座，即奉客茶。这茶比平日较好一点儿，并且用“局盅”装着，“局盅”就是北方所用的盖碗。同时饡盒也出来了，饡盒是九格活嵌的果盘，磁制品漆制品都有。盒里放的大抵是蜜饯糖果之类，好意头的莲子、蜜枣、莲藕等总是免不了的。有些“势利”的人家甚至放些发菜、榄仁下去；发菜是表示“发财”的意思，榄仁是表示“揽银”的意思，这是叶音的玩意儿。盒的中间的一格非放红瓜子不可，因为它是新年里的主要食品，色与音都是象征吉利的。把饡盒递给客人的时候主人家往往说声“拗仁”或“请拗仁”。客人客气，拿得不多，主人还说句“拗深的”去互相客气一下。主人家若是有小孩子，不论人数多寡必逐一给他一封“利是”，客人有小孩子同来，主人家也要玩这一套。“利是”的多少，看家产的有无、门第的高低和手段的阔窄，各有不同，大抵从“三分六”起至五元十元不等。有某捐商给某猛人的儿子二十万元的支票，那是别有作用的，跟普通的“利是”不能一例讲的。至于女人到亲戚家去拜年，尤其是外嫁女领着一群孩子到母家，花样更多了。花样大抵在礼物馈赠上头，吃喝的玩意儿和祭祀的礼节等等。讲到拜年的日子也要斟酌的,迷信的人家喜欢看“通胜”（历书），要是翻开“通胜”一看，发现是破日，那就不但自己不去拜年，连人家来拜年也不高兴的。

贴挥春　挥春是一种用红纸书写的张贴物，如春联、神位以及吉利标语一类的东西，新年里标贴它的在广州及其附近比较盛行。上年的腊月下旬便开始准备一切，在年底大扫除后即更换所有神位（神位若是木制的，只换上新的神红和金花），重贴“万事胜意”“得心应手”等老式标语。家中有楼梯的贴些“上落平安”，有老人的贴些“老如松柏”，商号里贴些“富客常临”“货如轮转”，艇家贴些“水陆平安”“船头旺相”……到了年三十大家门口的春联“红钱”等等都要粘贴妥当，准备谢年和迎岁。

摆花　新年里陈设鲜花如同贴挥春一样重要，无论铺户住宅一到年初一都需要它来点缀一下。厅堂客室之间古色古香的字画，金红灿烂抬围椅褡，衬以娇艳夺目的鲜花怪有趣的。为此故造成热闹的卖花市场。当年三十的晚上尤其大观。城西的十八甫、城中的永汉路等沿途卖花买花和看热闹之人来往熙攘拥挤。中夜十二时后行人逐渐稀少，花价也渐低，往往价值十元的花儿到这时两三元就能成交。所以会打算盘的人们故意等到夜深才去备办。这样热闹一场无非是为着明天要摆花。花的种类以吊钟、牡丹、水仙、蜡梅为主，其余梅桩、古树、杂花等也不少。花价的高低除因花的好丑外顶要紧的是合时。

摊果盒　摊（Lemm）是堆叠起来的意思。果盒是一个金漆的多格圆形木盒子，叠起来有一尺多高，摊上果子活像一座什么纪念塔。盒上所摊的果子是橙子，只好用橙，不得用柑或橘。果子上再交叉着碧绿的葱花就算完事。可是时间有讲究的，年三十涨水的时候开始摆设，到年十五水涨的时候撤消，叫作"散果盒"。一摊一散都是拜神礼节，郑重其事。这玩意儿多流行于附城各属。

食无情鸡　年初二头一次祃祭叫作"开祃"。这天的晚餐特别丰盛，菜肴里有一味特制的鸡，这就是"无情鸡"，原来是商铺定伙计去留的一种表示物。商铺里的"在事"平时对伙计如果有不满意的，想辞退他，只是牢记在心头，不轻易发表。一直等到吃"开祃饭"的时候，出了"无情鸡"才婉辞请他高就。伙计食着这只鸡，听了这番话，就要准备离店，没有什么人情可讲。所以到"食无情鸡"的时候伙计们总有几位提心吊胆、将喜将惧的。

油煮食品　腊月下旬谢灶迎灶的前后，好热闹的人家无不大忙其吃。于是炒爆谷、开油镬，大量制作油煮食品。这类食品以"煎堆"为主，"油角"（饺）为辅，更有"茶泡"等等各色各样的玩意儿。"煎堆"是用以"爆谷"和"糖胶"抟成的馅儿而外面"扪"着面粉皮的东西。形状有球形，有饼形。乖巧的娘儿们往往能变出其他花样来凑凑趣儿。"油角"是一种油炸的饺子，有软皮、脆皮两种，馅儿的花样颇多。"茶泡"是一种油炸的杂片儿，用芋头片、番薯片、蚕豆、花生、粉丝、粉片等混合而成。入口甘脆，人们喜欢用它来送茶，所以叫作"茶泡"。以上种种都是广东人认为"热气"不过的东西，但是过新年的缘故就顾不得许多了。

蒸炖食品 忙完了油煮食品又要忙蒸炖食品。这种食品可分两类：一类是糕儿，一类是粽子。糕类在广州市区以糯粉制成甜的年糕为主，芋头糕萝卜糕次之。疍户更有拿手的盆粉制作，近年来在岸上也流行着。粽类在四乡比较流行，它的制作和端阳粽子差不多。当腊月的“尾墟”到处摆着许多细杆大叶的植物，别有风味，这就是“大冬叶，包枉米”的冬叶。趁墟的人们买了冬叶回去就预备裹粽子。扎粽子有特制的红色碱水草，配着冬叶，大红大绿饶有东方色彩。以上两类食品都需要整日整夜地蒸炖，手续十分麻烦，然而大家都不觉得，为的是过新年。

舞狮 正月初旬到月半到处听见一种振聋发聩的锣鼓声响，这就是人们在舞狮作乐。狮是理想中的狮用竹木纸料扎糊成一个狮头，装潢得五光十色，头上正中有角，颔下有胡子。舞起来眼睛会转动，下巴会开合。调制的五彩狮身是没有竹木纸料的，为的是便于活动。舞的时候随从一大群古装武士，各人执着古色古香的老式武器，有帮助声威和维持秩序的作用。好事者往往燃烧多量的炮仗去助兴并犒赠猪、酒、红标。有时在高处悬吊着青菜绿叶和奖金让狮去吃。舞狮的人们便鼓着勇气用叠罗汉之类技术去抢吃，叫作“采青”。这的确是一种寓尚武于娱乐的好玩意儿。

踢毽 新年里广州有一种游戏叫作踢毽。毽就是外省的毽子，不过形式略有不同，制作也两样。毽子小而“毽”大；“毽”的下端用蛇皮、鲨鱼皮、铜钱等夹着纸片，上端插着四根大鹅毛。踢起来有个人表演和共同游戏两种。光孝寺的集团，技术最为出色。上海的毽子大王褚民谊氏恐怕还没有参加的资格。

游花地　年初七是“人日”，那天有许多人到花地去玩，花地在广州市区西南角，本来没有什么好玩头，不过因为“人日”游花地，是由来已久的习惯，到那天人数忽然增加就形成一个总合大墟集。各方赶来的临时买卖和特设的游乐饮食场所都热闹非常。加以神庙里香客的拥挤，岸边艇户的喧闹，造成一种特殊的气氛。这时什么花竞赛会和什么展览会等也趁机开幕，有意无意地凑成一个可游可玩的地方。从前各地禁止外国人游览的时候，到那天花地是特许开放的。

（《粤风》一九三六年第二卷第二期，原题《广州新年风俗杂写》）

乐　志：
七星旗之下，再横担一长方形旗，内书“庆贺中秋”四字

讲述人生平不详。

《周礼》谓：“中春，昼击土鼓，吹豳诗，以逆暑。中秋，夜迎寒，亦如之。”《明皇杂录》云：“上与太真叶法静八月望日游月宫，少顷见龙楼雉堞，金阙玉扉，冷气逼人。后西川奏其夕有天乐过。”其所谓中秋，所谓八月望日，均未加有节字，迨至宋《太宗记（纪）》，始谓为中秋节：“三公以下献镜及承露囊。”中秋令称为佳节，是否以此为嚆矢，笔者不敏，加以壮岁失学，还希博雅君子有以教之。笔者回忆弱冠肄业时期，“逊清同光年间”在故乡所身历秋节状况，每岁端午节中秋节，同学醵金于节前一日设公宴，款待业师，次日佳节放假休息。端节则往珠江看龙船，秋节则在家竖旗吊竹丝灯笼于晒棚上，称为贺中秋。入夕在晒棚上，以月饼、红柿、桑麻柚、香蕉等，及煮熟芋头、炒石螺供桌上拜月。拜毕，家人老少再加酒馔同餐，名为赏月。自客游他方，虽携眷属偕，仍作故乡赏月之习惯，

未至染他方风俗。然而竖旗庆贺中秋之举，已视为广陵散矣。

竖旗庆贺中秋之由来

我粤民间传说，谓元末明太祖起义，先由刘伯温（基）卖灵符倡变，约中秋夕竖旗举灯为号之说，流入我粤成为风俗。唯笔者颇疑刘之倡变，非在我粤，况笔者旅闽、桂、北平、申浦，均未得睹有竖旗庆贺中秋之举，何以遍及于广州各民居？继思或者我粤人素具革命本怀，以刘倡变驱逐异族元朝，在于中秋夕竖旗举灯为号，即以此日为纪念成功，历久不渝，后人踵事增华，更以此日系佳节，借此扩大为娱乐之具，又可助农村经济之需。想前人具有历史深心，而反误其为浪费，掷金钱于无用之乡，殊不知当日家家所用之具，非国人手制，则农人畜植而来，实非舶来品可比。楚弓仍属楚得，在笔者自弱冠暨壮岁，均亲历此等概况。迨客游于外，间返里门，虽未能得度此佳节，然而竖旗庆贺之举，闻久已视为尘迹，即使访问前踪，亦如白头宫女，谈说开元，能不感慨焉。

赏月时之兴趣

中秋日，各家在屋顶晒棚高举一竖而直之大竹，竹顶缚束一戟头或帅尾头（戏场元帅盔所插之帅尾）三角绘相连七星旗一帜（旗系白色，用红色狗牙镶边，以纸制或用布制，多数若此，所异者大小之分而已），名为竖旗杆。七星旗之下，再横担一长方形旗，内书“庆贺中秋”四字，再用娇艳色绸绉或缎制就，另垂大红绉纱带，富丽堂皇，形状不一。间有顾绣特别者，入夕月出东山，则放下长方形旗，改吊各种五色纸糊宫灯，美轮美奂，争嫣斗巧。但无论所吊宫灯之多寡，必须成双；简俭者或无长方形旗，只吊竹丝灯笼一对。对月当歌，人生有几？丝竹盈耳。迨月上中天，陈月饼等拜月毕，家人老少团聚，肴馔集陈，得杯邀月，且喜秋风尚未似剪，虽酒阑灯弛，亦不思寝。诗人所谓“爱月夜眠迟”，可以借诵也。

月饼为中秋节之先声

从前茶楼饼店，凡有月饼沽售者，届废历八月初一日皆于店门之外悬挂“中秋月饼”四字之招牌，五光十色，系用木质刻镂花卉，铺以金翠，间或用红木（俗谓酸枝）为镜框，中嵌“中秋月饼”绣五彩字，种种形色，斗巧争奇，无非为招徕顾客购月饼之计。唯曩日饼之款目，不及今日之伙，更不及今日制造之精美。普通盛行于市者，以金腿五仁、甜咸猪肉及豆沙、豆蓉为馅居多数，其余款数亦不多。若今日所谓数十元一个月饼，固向所无，即蛋黄、莲蓉亦所罕闻。唯有一种用锦布或颜色纸嵌玻璃制圆形之纸盒，内贮一圆饼，饼面绘五彩美术之工笔人物，俗名为公仔饼，大帮陈列于近门口之柜台上，售给孩童为玩具，只求美术之工，实不能为食品入口，大约干面粉一团而已。他所谓胭脂花者，但用盒装潢，比之公仔饼盒简略，而内所贮之饼，除无馅外，其材料与月饼同，不过形状大小不一，饼面以胭脂绘花卉，因以胭脂花饼得名。儿童可玩可食，且价值比较公仔饼为廉，而销场反不及公仔饼，可知当日孩童心理也。秋节将届，际月饼上市之秋，随时在道途上见少年男仆挑线络红圆盒数只为一担，美丽梳佣躡蹀尾随，此系送中秋节礼者。最重要为月饼，次则公仔饼生果等，如无月饼，则不足成节礼，习惯使然。但公仔饼可向饼店租赁，用毕可以退回，因供孩童作玩具外，别无可取之故。计广州上中下阶级，在中秋节送礼、祭神、祀祖、拜月，无不需用月饼。据此道中人谓茶楼饼店靠此节为一年之费用云云。中下平民有供资为月饼会者，每月由会首向各家收供资定议若干，届中秋节由会首买月饼分送各供会之家，所得月饼总比供出之资自行买月饼有倍数，故人乐于供会，但饼则不过系普通品而已，然各家则均喜有饼度节也。

中秋节民间娱乐

中秋日里门有好事者，向各居民户募资或柴薪，入夕以砖堆砌一空心花塔，内置柴薪，燃火时将食盐、樟脑、木屑等撒之火上，火尾升起颜色花朵亦颇可观。科学之智识，而由天然科学之化也。又有以四人分四方卧于地上，以数人围绕此四人旋转而行，口念有词，“词句俚俗”，重复念至此四人瞌睡已熟，乃将一人扶起称之曰：“师傅，现要何种军械？”大概不离大刀、藤牌、三叉棍之类。或用空拳，表演国术，虽向所未谙者，有如素习，不失规矩；但其似尚未醒状。演毕复卧，再扶则别人，次递表演毕。醒后各亦不知何因，俗名为“埋虫”（俗称，不知是否此二字）。女子之玩意，则称为请篮姑（似有姓名，已忘之矣）。法以一竹篮，篮上扎一椰壳饭匙，以篮为身，以壳为头，着以小衣，稍像人形。两女子团坐于地，手托篮底，燃香烛于前，亦念前调，视该竹篮似有摇动之势，先问篮姑年岁，则头叩于地如数。若问他事，答则叩首，不应则不动。托者只从其动作，不审所自。此种举动，不过小女子玩意而已，殊无特别可言。据人云篮姑受其姑折磨而死，若遽谓其姑来，则不敢动，有男子来，亦不敢动。以上均系公众平民之娱乐。至于携眷用小轮船遨游珠江，或雇用紫洞艇宴客赏月，此则殷富之家所能为，平民化不易得此。又有人以满座涂桐油之红纸使其干燥后，内置松香作一圆盒形，燃着松香然后封口，使烟内吹其升至半空，远观之若明星之一颗，有称之为孔明灯者。但极危险，倘在半空燃烧堕下于易引火之物，立即燎原。城厢向来有禁，故所放孔明灯者极鲜。又有谓中秋夕夜半，月有五彩带下垂，名为月华灯，人能骤睹之者，必有后福。当时女子用五彩带制为裙，名为月华裙，但久已淘汰于逊清光绪年间矣。

（《粤风》一九三六年第三卷第三、四期，原题《广州之中秋节》）

山　石：
广州是外国片的大敌、国片的介绍所

讲述人生平不详。

广州之有电影，大约远在三十年前了，那时正是日俄战争之后，“日俄大战”的影片便得意地到广州来。始初放演的地点，系在西关第十甫姓易的大屋里，一切的办理都是日本人，放演的多是这类“日俄大战”的片子，大约资本也是日本人的吧。那时设备自然简陋，然而也有些声片的模样了：原来当演出发炮的时候，便击鼓，发机枪的时候，便摇着盛了沙子的火水箱来响应。表演虽是简陋，而观众则异常拥挤，并且入场费是颇可以的，最少也收三角钱，连抱着的小孩也不能例外。听说那时放影的人，赚了大钱。

继此而兴起的，有西濠口石公祠的宣讲所，十分甫的民智、广州，等等。所演的多是长片，并且喜欢以武侠、侦探做剧情。每一套片总有三十幕，两幕为一集，每次开映两集，逢星期二、五或三、六，便更换一次。但是这类片子的被欢迎，其好处就是含有下流兴味吧。

为了画院的增加，画片也较为普遍，入场费也没有以前那样的高昂了。听说亦赚钱。《生鬼太》《奇士通》，在那时看过的人，至今还能道及，也可见其印象入人之深。至于《神经六》《差利》和《不知其为何许人》，也兴过些时，又《哈地》《罗路》，也就是这时期的趋时货色了。

从电影的发展，又转入而为竞争了，那时便产生了设备较完妥，而且似乎进步一点的南关和明珠两影院。那两院所演的画，多系了短片的，如《喜莲女士》之类。明珠，风味是另具一格的，较之别家似乎伟大、庄严一点；当片里演出接吻的时候，“支支”随着唱和的声音，是没有的，秩序也比较的好，因而声势营业均在各家之上，当时执了画院界的牛耳，初到广州的名片，如《赖婚》《二孤女》《过彼山》《倍格达之贼》《宾虚》等，那时就是在该院开演了，并且赚过很可以的金钱，因此引出许多的同业来，国民、永汉、中华、模范、中国，便是那时的产儿，后来还时有增加。到了现在之过去，统计全市影画院凡二十余间。新华、新国民、西堤、中国、模范、长寿、大德、明珠、天星、中华、中兴、中山、一新、永汉、南关、金声、明星、新星这些画院，据调查所得，合计从业员达四百余人，可见这门事业销纳人数也在不少了。在这多量的影画院中，明珠已失败而且关门了，当中执影画牛耳的是谁也懒得说给你知吧。不过影院是有“头手院”和“二手院”之分的，从这里也大略可以分辨出来。有钱的，看电影事业是可以投机的，因而投资开设；政府看见电影之发展，于是增加了相当的税捐，由是而影业之衰落也跟着来了。六七年来，所谓“头手院”缴纳饷项的数目，约由三百元改为八百元，有了两倍至三倍的增加，另还有娱乐捐、印花、营业税及临时特别的什么捐的负担。院数的增加，出片者的供给不敷支配而竞买。(【按】广州的画院所演片子的收入，多是和出品者分占的：普通片是出版者占三，画院占七；次的，出版者占二、五，好的占四，因各家营业盛衰，比率没有一定的。) 然而竞买也是不容易的，因为市民受过不景气的洗礼，轻易不会花费，所以放演一张片之前，又要在报章宣传，或路墙上高竖“广告画”，以那些“香艳”“奇情”“肉感”“歌舞”以及战争的文字或图画来吸引观众，有时还要大登广告，说什么空前绝后、轰天动地等。他们实在也具一番苦心了。听说他们这笔广告费，着实花费不少，有的每日要花百多块钱，去占报纸上一个重要的广告位，其支销也可想见了。还有半票的损失，勉强要装上一副满不在乎的样子；如遇着军政界人物，或什么典礼，各院多有大卖其半票的，甚至要报销的，这虽是招徕的手腕，然未尝不是衰落的现象。

据该行的朋友说，声片未到广州之前，中华几乎受着衰落的影响而倒闭，后来正牌的声片在南关演出，颇可获利。经这一度兴奋之后，中华也乘时开演声片，这一来，幸而演了一张《璇宫艳史》，挽回了闭门的厄运。可是经了这一度之后，而生气又逐渐少了，过去数年以至现在的局面，似乎已有难言之隐了。

近来所谓“头手院”中之新华，还算顶得住，“二手院”如天星，听说也小小的盈余，其余的，都不大恭喜了。至于天星为什么会赚钱呢？因为不是头手之故，饷项较轻，懒去做伟大的宣传，皮费较少，位置又适中，票价颇低廉，这就是他赚钱的原因吧。新华呢？是后起的，院厢宏敞，建筑比较进步，位置又是惠爱中路，很不错的，不过新华之所以鼎盛，国片也许有相当的帮助吧。

那时，国片可算是复兴时期，代表的作品如《三个摩登女性》《城市之夜》《都会的早晨》……多是新华先得了影权，演出时观众之多，真有使老板笑逐颜开之势。新张开始，有了这一回的精彩，既得了不少的观众信仰，而又得影片公司信任，因此续出的所谓进步国片，百分之八十都交给他开演；前年四大名片中之《姊妹花》《渔光曲》《美高梅》，都在那里先见我们的市民。

本来国片在广州，不是现在的事，从前便已有过了，始初的似乎是《秋香闹学》《瓦鬼还魂》之类，不过演出的幼稚、简陋，实在令人可笑，然而总胜过看《罗路》《哈地》吧。继起的又有较进步的，如《松柏缘》《空谷兰》《新人的家庭》……经了这个时期，从前所谓国片，便衰落了，后来我们所见的，只有《珍珠塔》《猪八戒招亲》《盘丝洞》。其颇呈伟观的，要算《火烧红莲寺》，但这片多至二十集，后来又不能再续下去，为的是过于“神怪”而被禁。但对这类片子，颇适合那不甚讲究艺术的人们脾胃，影院以有利可图，虽禁也有用种种方法开映的。不过这是从前的国片，大不如现在的进步了。我们看过《故都春梦》《野草闲花》，以及《人道》，后来的有《自由之花》《野玫瑰》《三个摩登女性》《城市之夜》《都会的早晨》和过去不久的《渔光曲》《姊妹花》《女人》《欢喜冤家》《神女》《女儿经》，

明珠影画院　摄于 1920 年代

自然明白了。

总之，广州可算是外国片的大敌，也可说是国片的介绍所。不过这种画片虽不是外国片，但仍是外地片，不是广州的产品，看来广州影艺之简陋，也不能否认了。你想想，号称百万人口的城市，而又是南中国的文化、商业中心的广州，电影院的常设馆仅及二十间，平均每日每家的看客，不上五百人，合计没有一万人，虽最近当局禁了麻雀，人民消遣无方的时候，会跑向影场去，人数或许较前增加，但比较美利坚每周的电影看客人数照人口比率百分之四十五（这是十年前的调查，后来是很有进步），又何止小巫见大巫呢？广州影艺之程度怎样？于此也有相当了然吧。

只谈外来的片子，本地的出品没有讲及，恐怕是太抹煞广州了。其实广州也有本地片，从前有过民新、钻石、天南等几家制片公司，有过《小循环》《孤儿脱险记》《名教罪人》等出品，后来卷入了国片衰落的旋涡，遂无声无息地终了。

近几年前，国片复兴了，广州的制片公司也就有了紫微、合众、现代、艺联、华艺、亚洲等乘势而起了；《无敌情魔》《炮轰五指山》《苗山艳史》《璇宫金粉狱》《摩登泪》《裂痕》《铁马侦禽》，便是他们的产儿，但是获利的很少。如果你想认识这等公司所摄的片子，那么开演时片上有"某某影业公司"的牌子，便是公司的唯一符号了。据说各家公司开设的资本，每间至多约一万元，甚至要戏院交预约款项才能摄拍；演员既没有相当的训练，剧本只有编剧先生说是得意之作，导演的手法只有导演先生自己说是高明，而且光线又是灰色呢，总之，人才、钱财，都没有相当的把握，其失败实在是意中事吧。

最近之过去，又有过粤语和粤剧的片子，可惜没有成绩，钱也赚不到。《白金龙》是粤语的，又是粤剧《白金龙》的改作，钱是赚了不少，那恐怕是以粤剧红员做主角之故吧；那是上海拍回来的，还不算是广州的产品。但据1934年广州的影坛，有几个很好的报告：（一）如张雨苍独资创办之南中国影片公司曾映过《广州小姐》等片，颇得一时声誉；（二）如联华港厂开拍之《昨日之歌》与《大傻》等片；（三）全球公司之《野花香》《回首当年》《红伶歌女》《两亲家》等片，皆有时誉；（四）天一公司《哥哥我负你》《紫薇花对紫薇郎》；（五）如振业公司之《冷热人心》；（六）如某公司主演之广东民间故事《梁天来告御状》声片、《母亲的情人》等片；（七）如现代公司之兽片。1934年以至现在，广州的影坛真是热闹得很。

可是影片公司的出产虽是热热烈烈，而当时政府的提防也确是严辣。从前社会局本来有一戏剧歌曲影画课审查委员会，这个会的审查进行，向来经审查后，便发给许可证，由各院自行开演，后来又以这种办法不甚周密，由委员会设备影场，饬令各映片商人报请审查时，携片到会，方予审查。经了这一度的限制，而各影片公司为着饬令减却很多高兴！

近年来，因国产影片改变作风，剧情意识颇含刺激而又能迎合一般人心理，尤其是青年学生。真的，那时所产的图片如《三个摩登女性》《渔光曲》《都会的早晨》以及《狂流》《姊妹花》之类，确是描写一般现象；此类画片在广州，确是卖座非常，据说影片公司赚一批大钱。可是这类影片，不久却又软弱了，原因怕就是来来去去都是相类似的事情，看得多的人，便觉得腻了，所以卖座便稍衰。

据有经验者谈，广州人看电影，约莫可分几类。如趣味较高的始终爱看西片，比它更有意思的则是文学作品改编的，如《摩洛哥》《忠节难全》《城市之光》《真十字军征东》《仲夏夜之梦》《摩登时代》《自由万岁》等。较为次一点，而有热情的观众，又爱看国产片，即所谓国产名片，《渔光曲》《狂流》《桃李趣》《新女性》便是他们的对象。智识较深而可称优秀工作的，《都市风光》图片，反而不能卖座。智识较低的便始终爱看那些怪诞无稽的，如《火烧红莲寺》《女镖师》等。还有的，绝无目的，有戏便看。又有的纯以娱乐为目的，自然要看那粉腿如林、绮艳可醉的，如《草青春暖》《奇异酒吧》，或西方的马骝精人猿泰山的《真野人记》《续真野人记》等。除了这样，就一般而论有好看粤语片的，故粤语片也颇流行，而以制粤语片赚过广东法币的天一公司，尤能因应环境。但近年来天一因为纯以赢利而不问其他，大为同业所猜忌，不久而天一公司港厂不幸竟遭了祝融光顾，因而发展稍差。可是粤语片已热闹得非常，几乎有取国片地位而代之之势。

原来粤语片，系将粤剧与电影熔冶于一炉，如《毒玫瑰》《乡下佬游埠》《火烧阿房宫》等作品就是。依我看来，殊不觉得所谓兴味，而且免不了傅会。单就《火烧阿房宫》一片来说，宫中的人居然说起粤语，任何略有智识的人也会生有反感，但是观众们多不留意这点吧。现在这类公司，已如雨后春笋，大抵因为轻而易举，一万八千可以制就，而又可以获厚利之故吧。但其中好的如现代、广州、紫微、玫瑰……此外也有不好的，也有出过一张画便罢手的，甚至有的计划有了，演员有了，而片子依然“胎死腹中”的。

现在，政权统一了，听说中央依然将严禁粤语片放映，限期就是一九三七年二月一日，这无异就是各粤语制片公司一道催命符！

广州的影业，大概是这样。在广州看影画的人虽比不上美国，但广州究竟是繁华的地方，看影画的人也不算少。况且自从当局厉行新生活运动以来，因为麻雀有禁，消遣无方，是以近来影场人数激增，你看每日到了晚上七时许，影场门外购票者之拥挤，以及门前之车水马龙，也可以窥见一斑了。

不过依我所见，广州影场数目之多，比不上上海，其设备之周密，比不上南京，南京之新都、首都等影院有冷气有暖气，虽然广州之金声影院，也有冷气的设施，但总欠完备。我还记得去年在南京遇了天气炎热到不堪的时候，每日几乎例花数角钱去看影画借以避暑，及今想来，犹有余兴。然而广州自有广州的好处，你看那红男绿女，乘着汽车，到影场去，看完影画，再到餐馆；你又看看，那淡妆短束的女士们，有人说是佣妇，但这类佣妇往往拖着一个油头粉面的青年学生，那时见了，管教你会疑到黑幕之内又有黑幕，其实就是黑幕重重吧。

（《社会科学》一九三七年第五期，原题《广州的电影事业》）

蕙：
这里是另一个世界，便是别开生面的人肉市场

讲述人生平不详。

如果一个地方可以分区去观察，像文章分段叙述的话，则广州的长堤，就可以分作四段，表示了四种情调，反映出历史盛衰推行的痕迹。

广州长堤从现在看，这色彩好像被一个疯狂的画家浓濡上画笔大大地自西堤拖长直画到东堤去，浓的颜色染在西堤这一段，自此便淡下来，中间在对着海珠公园这一段上，在过去不晓得是否画家不慎还是有意，竟弹上了一些粉红的神秘的颜料，到现在这神秘的色彩比前黯淡了，从此再过染的色是愈来愈淡，到了末尾画笔起了沙，枯淡的颜色中，竟带了伤感的情调了——这就是东堤。

一、忙碌的西堤

假如从沙基东桥向东走去，一拐弯就到了西堤的极端。这时候就会感到一点异样，手车用劲地转了一个弯，用劲地向东跑去，一切都匆忙的人，也就紧张起来，仿佛自己也是一个过往的旅客似的。粤海关的大钟，当当地，把时间一下一下地敲过去，人也就一步紧似一步。

在堤上骤看过去，好像是临时建筑了好几座洋房——这原是省港船，每天去了又来的，人也是去了又来。粗大的烟突，在缓缓地喘气，因为这是它休息的时候。然而也就是人们忙碌的时候，它悠闲地在吐气，反映出它下面匆忙的人们。海关码头流动着苦力，邮政总局的石级上挤满了人。行李在省港船码头的铁闸间搬出。假如你手中已拿了一点东西，你就仿佛觉得这是一件行李，自己就是一个搭客。因为岸边的船只、船只旁的搭客、搭客的匆忙神情，太吸引你的注意了，一切都紧张，于是使你禁不住觉得好像也攒进这一群之中，心是和他们一样反映匆忙的神态了。回眸看看左方，另一种感觉就会兴起，觉得自己太渺小了，像是被压在高建筑之下，物质文明压迫着人们，这印象到了太平路口就更明显。

辉煌的灯火照着酒店间着酒楼，平阔的柏油路边，宏大的奇影就会映进了人们的眼帘。这里面容纳了一些显官贵人，暂作寓公。海外华侨们回到了故乡，腰缠十万贯的酒店的时候（编按：此句不通），就把他们从省港船接到大酒店去，先享受广州的物质的文明。

西堤　摄于 1930 年代

他们是从大船的餐房跨上了汽车，踏上了电梯，载到了楼上，安顿在舒适的房间，他们满意了，觉得广州是进步了。酒店间的热闹，抓住了他们的注意。从此太平南路口就有几座宏伟的点缀品，码头的工人们闲着手脚，仰着头在瞧着一切金钱的外表，瞪着酒楼门口进出的人们。堤边食物小贩担子的灯前，闪动着过往的人们，短衫子的背上负上了小包裹，提着小藤箱，洋布伞便挂在左手臂上，人是在码头间进出，看来都是忙迫的。但是细看他们的神情，却是异样的闲逸，他们是向着码头边的乡渡走去，质朴的面孔上显出了老于出门的态度。

码头外堤嚷着哄哄的嘈杂声，这是另一个下级社会。小担子上陈列着各种简单的经济的食品，小贩喊住在堤边休息着的学徒或店伙们，做他们的主顾。忙碌的空间，一直伸长到油栏门口。这样的嘈杂继续到深夜，直到这些乡渡敲出开行的钟声。

忙碌的西堤，一直到那时才得到仅有的静寂，也可以说就是休息，不久就又是天明。

二、珠江风月的焦点

从前不知是哪一个风雅之士，当着月白风清之夜，游过了珠江，更游过了海珠——海珠是一个孤立在珠江中流，在长堤中部的很小很小的小岛，有着几株古树，岸边接了水，树荫盖了岸。水流发出了潺潺的音乐，沉静地，柔和地，小舟擦着岸过，咿哑的橹音，日光把一切物体分成了神秘性的光黑二面。风从水面吹来，怪凉快的，也许这环境陶醉了他，于是就题了“风月”（按:应为“虫二”）二字，故老传下来的解释就是风月无边的隐义，巧妙地被表达出来。至今不只留为五洋（羊）佳话，也更为人们注意了，而海珠就密迩着长堤，游长堤就必游海珠，海珠实际上就属于长堤的一部分。最近，海珠在名义上已成为公园了。有了爱侣在这里谈心，但也有工人店伙们在这里散步，呼吸新鲜空气，虽风光依然，骚人雅士也决不会在这会哼出几句抒情之作了，何况正对着这一段堤岸的辉煌的声音，都具备。因为这是一个广泛的市场，在人们的心目中历史不能留住海珠过去的风月了，谁会料到目前，海珠竟被人工变成了新堤的一部分，人们不再游海珠了，实在也是不可能，要游，也只好去凭吊故海军上将程璧光先生的铜像，使人倍增惆怅。海珠这名称，早已成了历史的陈迹。

实在说到海珠，说到长堤在广州的普通百姓的脑中，是另有一种低级的趣味的。这趣味不是海珠的风月，更不是珠江，而是正对着海珠这一段堤岸，这一段堤岸是含有一种神秘的成分。堤的一侧，便是资本家绞心血的地方，强烈的灯光，反映出堤边的黑暗面。这里是另一个世界，便是别开生面的人肉市场。任何人在广州，听到珠娘唤渡，立刻就会浮起一段堤边的印象，耳边就好像听到了一声声轻盈的唤渡声。学徒店伙在晚饭后，到堤边闲逛，把整天的郁闷，整天紧张的心情，都缓和下来，飘散在这小小空间里。所谓珠娘就是疍民的女性，她们早已定居在堤边的水上，住宅是一艘小艇子。

她们的艇子除了跟着潮水涨落之外，已没有把家漂浮来去的了。艇子是一艘连着一艘，固定地排在水上，她们从祖上传下来，渐次地失了本来的意义，忘记了本来的职业和工作。实在现实使她们忘记了，她们是不得不忘记的，否则哪里有工作给她们做。过海是已有商人承办的过海电船，并且也另有“横水渡”——海珠铁桥筑成后，她们更是望“桥”兴叹了。然而肚子不能让她闲了手脚，社会局又不曾注意到她的生计问题，她们只好以肉体来换米饭。从此珠堤就平添了一段袅娜的春色。

假使过去的秦淮风月是热闹的温柔乡，则过去的珠江风月应是神秘的温柔乡吧。广州的娼禁虽然公开，但是没有官厅的特许是不可以的。陈塘可以花筵无禁，但是珠堤却是应禁之地，而珠娘反而得到另一种官厅的暗护，使珠堤的春色成为公开的秘密，直维持到最近的以前。她们是错落地站在堤岸人行路边，向行人们抛着媚笑，一声声娇软地在唤渡。这唤渡之声在她们的心中，在闲游人们的心中，另是有意义的。闲游的人们把嬉笑忘记了日间的疲劳，她们把嬉笑忘记了人生的痛苦。一种追逐，几番娇嗔笑骂，也许就这样做成了交易。这时候的光景仿佛就是苗瑶区的春秋佳日，不过意义不同吧。年来当局已是积极禁止，你说禁止得了吗？谁知道熟悉当地情形的会另告诉你秘密的。假如她们真的被禁止后，她们如何去找饭吃？这问题是谁都不注意到而且是不知道的。人们只觉得珠堤从今减色，堤边只少了几声清脆的唤渡罢了。

人们还想不到更有矛盾的事，堤的一侧，繁星点点的灯光，辉煌地，在她们看来，这好像是资本家给她们的白眼，一切的热闹都是人们对于她们的嘲笑。这是资本家的残酷态度，然而她们始终是不觉得。这一段的长堤，原是一个广泛的市场。

这里有百货商店，有游乐场，有电影院，有锣鼓喧天的粤剧院，有大规模的酒店、小规模的旅店。至于使广州著名的“食”这里就包罗万象、应有全有。经济饭店、小食店，以至茶楼，都适应了广州各色人等的食欲。整天有不少的汽车，风驰电掣地飞过长堤，载上了少奶奶、姨太太，饱吸了晚风就停歇在粤剧院大酒店的门口。短衣裤的、拖着凉屐的朋友背了身心，背着看他们或她们的背影进去了，同时又看到今晚开演的名班，什么首本的牌子，或者仰望大翅样的市招。于是,“每碗六十元”的几个字就会在他们的脑中打转，然而到现在普遍的经济衰落中，这只供给漫画家一点材料而已。

这空间伸展到了靖海路口以下，就变为另一种情调。

三、到处表现着力的空间

自己从腻的心情里，溜走了出来。离开了使人有点飘然的空间，经过了青年会这一个幽闲的地方，立刻就会被伟大的力，摇动了自己的灵魂。一切的力之流动，感动了自己，立刻就会觉得自己太卑鄙了。一种机械的力和人的力交织着，这就是广州的发电总机关。

一种机械的声音，洪壮地洗荡了一切人们轻软的心。这推动广州一切事业的力，想到了就禁不住肃然起来。然而人们赞美机械就应该更赞美人类伟大的力。机械是要靠给它的一切，才能活动的。然而在堤边把煤输进机房，这种挑炭夫的力，就觉得可贵可佩。满满的一大箩炭，把竹担挑在两个人的肩上，脸上表现出坚决迈进的勇气。踏着沉齐的步度哼着沉着的呼声，一切都是一致的。这种合作坚决的力的表现，闲逛长堤的人们，就不能不暗地自己倒抽一口冷气。

急行的电力厂，又是另一个混乱的空间。力更是充分地表现了出来。这是水果蔬菜栏和咸鱼栏。一艘艘的货艇，大批地把水果蔬菜及咸鱼，从各地运到这里的堤岸。工人们大箩地把它扛到栏里趸存。就这样供给了全市的需要。坚实的臂膊、铁般的腿担当起这个责任。柔弱的人在这里是不能生存的。这一个空间就是他们占有着，健实的脚跟和臂膊，干着力的摆动。按着都市进行曲的拍子一步步地把都市建设起来。他们忘了劳苦，只要有得干。当着一件繁重的工作之后，骑楼底下，行人路旁，他们就一群群围集在一起。一个个的集团就蹲在地上，这样每个人就得了按劳力所得的代价。当着一叠叠的钞票一元、五角、两角、一角，放到他们面前的时候，他们的谈话，就会特别爽快，纸烟也会抽得特别起劲，嘻开着嘴微笑着。这愉快就非都市绅士少奶奶所能梦想的了。

我们感觉到力推进了都市的繁荣。看到了宏大的珠江铁桥，我们尤其相信，人力是把天然战胜了。没有珠江铁桥，河南是一样可以繁荣，然而是迟缓的，甚至繁荣起来也有点隔膜。有了珠江铁桥，于是种种广州的繁荣，流通南北两岸间了。难怪河南地价要飞涨起来，资本家又不是傻子，个中关系他们是知道得很清楚的。当我们站立在桥头，这感想便不由得会浮起来。意志的力、人的力、科学的力，把这关系做成了。在这个地方，我们就只觉得力之伟大。

然而自珠江铁桥口的维新路向下走，这印象就结下来，到了天字码头，已把紧张的心情尽量松弛了，何况接着目前的更是一段灰色的长路。

四、不堪回首话东堤

“往事只堪哀，对景难排。”谁料及昔日笙歌筵宴无虚夕的东堤，到现在已成春梦，不只是春梦而是荒凉一片了。否则现在的东堤应该是车水马龙，不让秦淮昔日的。

广阔的空间沉寂的、萧索的，没有一点车马的喧阗。人到这里也就无力地放松脚步。这里就好像有一点四时皆秋的气象，还有点活力表现的，就是女工拖着人力货车，然而沉重的步伐，濡滞的速度，砖瓦灰沙虽压着车轮，一根根的绳子又压在她们的肩上，她们苦了脸的，这几点就描写出来了这空间的轮廓。上了年纪的大水泥桥，驼了背，风尘久历的外表，现出了疲备的态度。看见这样子，又似乎感到一点轻微的叹息，何况又有残留在桥头的讲武堂的废墟，更加重今昔变迁的色彩。

还有使人感慨无限的，却是另有所在。一直行去快到了堤的极端，这和秦淮河同一命运的东堤，就在目前。假如单靠故老遗闻，

东堤　摄于 1930 年代

而东堤的现在却不留一点昔日繁荣的陈迹，则游人们自无从惹起伤感的怀抱。然而（不是）过去使东堤暂变成另一种命运的大火，这陈迹就一直遗传到今，不会有丝毫变动。在一叠叠层楼的残壁上，层楼之下，层楼之旁，有挂着给风雨剥蚀了的酒楼牌子。西风夕阳的时候，它更显出了悲哀的经历。这高楼，这铁栏杆，这酒楼的牌子，一切的印象，都使人想念着昔日，感慨着昔日，而东堤昔日的繁华就可以从各人的脑中推想出来。我只记得在幼小的时候，父母叔伯偶然带我从乡间到广州就会带我游东园——东堤的一个公园。回来便在西园酒家吃晚饭，然而已没有一个人带着欣赏的心情谈到东园了。即使谈到也只是感慨。东园也就从此零落了。为什么这一场大火，使东堤转变到这样，简直没有恢复繁荣的可能？你看这危然直立的颓垣，直留存到现在。由此可见东堤所遭遇的悲剧命运。

然而到现在，我们不时可以看见密迩着的大沙头航空学校的飞机翱翔，我们更信这空间转变了，在和平的曙光已经照到了的时候。

（《东方杂志》一九四二年第六卷第二期，原题《广州长堤的神秘情调》）

浩　波：
拿荔枝肉浸在“双蒸酒”里两三小时，那真是美妙无比

讲述人生平不详。

望着窗外的毛毛雨，忽然线条粗起来了，接连不断地落个不休。这是江南一年中最令人烦闷的季候。

破落户出身的子弟，时常欢喜说起他自家祖先的家世，无非借此宽解：现时虽苦，过去曾经写意过来。我也想效法一下，在这窘人的摆不脱的霉雨所在，回想到同时异地的岭南，天气正好，荔枝初熟的景致，展开一幅简单的速写，当作又一次的旅游。因之，我想起广州的荔枝湾。

位于亚热带的广州，经年气候不算很冷，就是在冬季，也从不见到冰雪。所以游荔枝湾，其实也并不限于夏季。几乎经常地，在那妩媚的自然的怀抱里，地母从那水汪汪的温湿的眼底，蕴藏着微笑，低低絮语，软软地抚慰着那些青年男女、过客旅人。凡是到广州的几乎没有一个人不看到珠江，因而没有不想到城西那珠江突出

的一小角的荔枝湾。它的声誉早已吸引着远近的游人，谁不想找出点时间去欣赏一下？比方说有谁到了南京而不想去秦淮河？到了杭州而不走到西湖边上的呢？

人们知道秦淮河，也许因为那里的歌女很不错，人杰地灵，很够得去捧场一下。而西湖，却不但因着那一片明艳的清流，还有周遭的古塔、萧寺、庄园、别墅，真是名山胜水之乡，配合着名公巨卿优游之所，那倒是地灵而兼人杰，不需号召，自然相得益彰，相映或更以为趣了。

荔枝湾却不然。因为同属珠江的一个源流，每每有从那在大江中生活的人们所遗弃的渣滓浮沉着，而水颇混浊，湾畔既寻不到歌女的咿呀，也不像西湖似的可以随处游览，登高望远，临流买醉。但它在岭南中还依然久享盛名，至今不坠，现在虽然已经历劫，大约还是一样足以吸引人流连的吧。

以果物作地名的荔枝湾，是多么馨香的一个好名儿呀！单只为了荔枝，东坡居士就有“日啖荔枝三百颗，不辞长作岭南人”的歌咏；而太真妃子，则更不惜特派专使，远远地从唐朝都城飞骑沿驿奔驰递取，如果那时有飞机运送的话，我想太真一定更心满意足。因为无论如何的飞骑迅速，荔枝摘下三日即色香味俱损，已不是它原来的面目了，所以贵妃生日虽然进到荔枝，而且又即谱成荔枝香的曲调，还不过是隔靴搔痒，得不着“恰到好处”。

读者闭目遐想，假使有一个所在，夹岸嘉树成荫，高可数丈，那全是常绿乔木，在羽状复叶的丛中，点缀着朵朵青色的繁花，或

荔枝湾　摄于 1920 年代

累累朱红的果实，倒映到一湾流水里，丛丛密密，真假交错，而人们则沐着通体的清风，扁舟一叶，容与中流，那是怎样的一种境界？而且兴之所至，还可以舍舟登陆，可以任意择一树的佳果，且赏着碧如漱玉的树叶，赤似流丹的果皮，口啖着白如羊脂的肉，咽着甘芳多汁，视觉、嗅觉、味觉都得到稀有的满足，量尽而去，所费代价，只不过戋戋二角（那时每斤一角左右）。其实或即不然，小舟随波徜徉，游人在舟中任意坐卧，看看两岸雄伟的树丛，映在水里，也已大有满地都是荔枝，令人有俯拾即得、齿颊生芳之概。就只这一些简单的轮廓，还不值得它久负盛名？而身历其境的，岂不真有人间天上之感？

因此荔枝湾上，总是艇仔如织，而每一艇上，又莫不嵌满了游人，像小鱼般一队队地游来浮去。

什么东西吸引住他（她）们？

第一是岭南天气，温热的时期太长久了。海面上微弱的风，也足以荡涤人们的尘襟。再则沿海居民，对于涟漪的碧水，向来寄兴无限的亲热和爱好……而荔枝湾，沿岸水浅处，可以便利学习游泳；深远些，接连着珠江，可以作划船的练习和比赛；经验丰富了，不妨大着胆儿和久惯水中生活的船夫们一较身手。即不然，懒洋洋地轻摇慢唱，逍遥自得地放乎中流，和三五同好，高谈阔论，绝不会遇到任何阻碍，虽则是短期的、无抵赖的自由自在的海上生活，那趣味足够使人流连忘返。临末，荔枝湾虽则没有靓妆艳唱的歌女，偶尔或者也会遇到三两个“盲妹”，轻舟欸乃地摇近前来，细声请问:“可要唱一支歌曲吗？”你可以花几角钱，听一支粤讴或什么的，歌声送到水里，会有更摇曳生姿的音浪打回向耳鼓，另是一番情趣。否则远远地传来一声声女嗓的半高音:“要鱼生粥吪？”“好靓嘅鱼生粥！”也够勾起你的馋涎欲滴。稍稍靠近了，那净洁而黄色闪闪的木板上，摆着一盘盘的鲜鱼片，淡咖啡色的吊带鱿鱼和翠绿惹人的香菜……在柔弱的炊烟上，从粥煲里盛起一碗碗香喷喷的“艇仔粥”，也足供游人大快朵颐——那就是远播盛名于沪上的一种。而其实，吃过广州艇仔粥的人们，见到上海所出售的，很有似是而实非之感呢。如果不是路途不便，能到广州去尝一下异味，也许不见得算辜负了一生的吧。

广州的水果颇不少，我最爱拿荔枝剥肉浸在“双蒸酒”里两三小时，然后像吃“杨梅烧”的法子去吃它，使酒香与果香合而为一，那真是美妙无比。还有一个吃香蕉的法子，我也是爱拿九分熟的，剥肉泡在滚粥汤里，香甜而微带酸味，比吃山楂糕胜过多多了。在荔枝湾，口渴了的时候，应时的水果艇，也会川流不息地浮来浮去，花并不高的代价，就可以满足你的胃口，还有比这更自然自如的游玩吗？可爱的荔枝湾呀，几时我再能够从怀想走到实境？也许实境还不如这怀想的富有诗意，那么，我还不如结束了这一片缅怀。

（《万象》一九四三年第三卷第二期，原题《记荔枝湾》）

梁　风：
一面建国，一面建剧

讲述人生平不详。

听说南京、昆明、汉口等地都已飘雪，但广州却只如春天一样；除了早晨和晚上要穿大衣，中午就一件夹袍子便够了！在重庆、贵阳等地回来的人们，无不感觉到南国的天气委实可爱。

同是一个圣诞节，但广州和香港情形却大不相同。据港报载："各电影院、舞场无不利市三倍，各大酒家餐室顾客如云，红男绿女，摩肩接踵，热闹情形，为战后所罕见……"而这里呢，除了一班上帝的儿女们在礼拜堂唱唱圣歌，和三几个显贵人家举行私家舞会以外，市面没有半点圣诞节日的景象。大概这里的同胞们，还没有几个和圣诞老人认识吧！

"食在广州"这句话，似乎有两个解释：一是广州以食品种类多而且讲究。而另一个解释，说广州人好食，也未曾没有理由。最近节约委员会据可靠方面调查统计：目前社会人士在茶楼酒楼每日的饮食消耗，总数在五千万元以上，每月约十五万万元，其中十分之四乃属过往民众之消耗，十分之六乃属本市民众之无谓消耗云云。照这样看来，市民每月花在饮食方面的无谓消耗在九万万元以上，这数目诚足惊人，难怪当局要提倡节约了！

社会现象每每会有矛盾的。一方面是消耗在饮食的有那么庞大的数字，而另一方面需要救济的民众亦实在大不乏人。据此间紧急救济会消息：由十二月一日至二十六日止，该会共掩埋尸体五百十九具，平均每日掩埋二十人以上，据说死因多属战时颠连困苦，营养不足；胜利后又物价高涨，救济不及，死后无亲属，或亲属无以为殓的。于此，亦可见广州民生问题的严重。

中央宣慰特使陈济棠、李文范两氏来粤，消息传来，百粤民众无不欣慰；有如这群受难的孩子，在刚回复安定之后，得到一位家长来安慰一番一样，好不兴奋，可是，苦了一班欢迎人员和记者们：在二十五日那天上午，便听说两特使十一时可到达，大家跑到码头，等到两点钟还没有见人；到下午八点钟接到消息，又说马上就到了，结果还是扑一个空。原来两特使当晚确已抵达省河，适值戒严，延至次日凌晨始入市。

交冬以来，这里剧运似乎逐渐蓬勃。继二方面军政治大队演出《朱门怨》之后，现在同时演出有广东戏剧协会的《愁城记》和艺联剧团的《茶花女》。

在几天以前，从边城的昆明来了一批文化人：章泯、瞿白音、周钢鸣、田念养、韩北屏、侯鸣皋、王逸、许秉锋、洪遒等。这里面同志们伸出了他们赤诚与灼热之手来欢迎这群文化斗士，就在一个气候温和的日子里，举行一个盛大的欢迎会。会上大家喊出一个共同的口号：“一面建国，一面建剧。”

十二月二十九日

（《申报》一九四六年一月六日，原题《广州片段》）

罠　庵：
活泼性，享乐性，保守性，生活公式化性

讲述人生平不详。

广州人是最求新的，也是最保守的；广州人是最热情的，也是最冷漠的；广州人是最冒险的，也是最胆小的；广州人是最阔气的，也是最省俭的；广州人是最合群的，也是最浪漫的；广州人是最好斗的，也是最怕事的。这些都是矛盾面，也是富于情趣的广州社会的内幕。不要见怪——这一切全是它的地理环境造成的。广州是位于北纬二十三度的副热带地区，它拥有全国最膏腴、最广大的珠江三角洲平原，它通海贸易远始于汉，而蔚盛于唐、宋，它自永嘉、靖康以来，是中原优秀分子南驱的桃源，也是唐、宋、元、明以还，波斯、阿拉伯、大秦、葡、西人寄居落户之所，它自五百年前至今有七百万以上的子孙远戍于安南、泰国、菲岛、荷印、澳洲，以至北南美洲，每年以若干亿的侨汇灌溉着这三角洲，它有极丰富的物产，和一分钟大晴、两分钟狂雨、隆冬季节可以大摇其羽扇、全年满可裸体不

穿衣服的古怪气候——那真有谁见怪笔者会写这一篇广州情调!

吃 风

粤菜的驰名，举世都知，不待赘述。但是广州是粤菜的大本营，哪可不说！这里且粗粗地分析一下：

一、广州全市的饮食店总计约在一万两千家以上——沿街的摊档尚不在内——直接间接靠饮食为生者总在三四十万人以上。

二、吃的种类多得惊人，而专业经营也可获利，如大酒楼、茶楼、面食店、甜品店、粥店、油炸食品店、西餐店等不可胜数。

三、专门以一种食品为号召以弋巨利的，河南成珠大茶楼的小凤饼、联春馆的三蛇宴、洞天的双英鸡、馨记的市师鸡、南园的文昌鸡、佳栈的烧鹅、大三元的裙翅、西园的“罗汉斋”（素食）、泮溪的油煎饼、陈意斋的雀肉酥等都是别有风味的食品。

四、吃茶的风气在广州也是世人视为最奢侈的事，而茶居、茶楼的争奇斗胜、布置妍丽也是不可掩的事实。它们的分布也是分三大地区：

（一）惠爱路财厅前一带以哥伦布、国泰、红棉、涎香、半瓯、金汉、惠如、中央、新园、聚丰园、永乐、南如、云来、福来居为著名。大半是做公务员的生意。因这一带政府机关多，谋职的、巴结的以及鬼祟的人都以茶楼为唯一说话场所。

（二）西关上下九路文昌路至宝华路一带以陶陶居、银龙、孔雀、莲香、洞天、广州、成珠等为翘楚，因这一带是商业最繁盛的区域，商人的一切活动都集中在这些茶馆里。

（三）沿堤岸的哲生路一带如大三元、七妙斋、大同、一景、金龙、金轮、总统、金城以至太平南路之新亚、新华、钻石、六羽居、沙面之胜利等。这一带因大旅馆林立，为旅人的集中地。高级旅客是挥金如土的，所以它们的生意也不坏。

它们除掉布置精美之外，还有各擅胜场的手本好戏，如胜利和中央兼营舞厅，银龙是以地方曲折取胜，陶陶居以书画雅致见长，钻石以女侍作引诱，惠如以女伶清唱著名，云来阁以古玉书画买卖，大三元以唱雀，永元以斗雀等等不一而足。大致说来，它们不仅是吃茶，而且午饭、晚饭、宵夜俱备，且有每日标榜的服务二十四小时者。猗欤盛哉！

茶楼除了考究好茶之外，还要有好点心，大茶楼每每巧立名目，一天之内上市的有达百种之多。这和吃讲茶的茶馆、摆龙门阵的茶店真有天壤之别了。

广州人之所以喜欢上茶楼，不外两三种理由：一是有茶瘾的，他们习以为常，每早必上茶楼，好茶一盅，点心两件（所谓一盅两件派），看完当天报纸一两种，便去工作，所费极有限。这包括公务员、商人、寓公、老太爷甚至劳苦工人。二是交际应酬的，他们约了三数朋友联络聚谈，所费亦仅三五元（金元券），以视盛筵高会动辄千百金者省上多多。三是生意经，买卖“斟盘”，看货式样，甚至签订合同、集资营业也都在茶楼里。有很多行业的老板、掮客甚至经常某一客座某一时候在某一茶楼候教的。其下焉者如物色美妾、聚赌窝娼、盗窃分赃、走私谈判，各种罪恶也以茶楼为营谋之所。

广州的吃风真是一言难尽，数百年下来奢侈的吃风，有人说来源有二：一是顺德县以丝业钱庄业出名，富有很多，子孙习于纨绔，天天只考究饮食享用，花样翻新。所谓“风城（即大良，为顺德县治）食品”为广州人所艳称。二是广州的下西关也是富人的群巢之所，故西关吃风也特别兴盛，名厨辈出。到如今各酒楼茶楼的大幅广告，都给他们封上了“大王”“专家”的称号了。

广州考究的食品多着啦，韵事也不少。如从前十八甫在山泉茶居的“粉果”（饺子的一种，以粘米粉作皮，使其透明，里面的馅子红绿相间，精美异常）是顺德美女佣阿八姐的作品。西关的九记馄饨担子非夜午不出来，在住宅区的街道穿插，转眼卖光了。三圣社池记面，也是在桥头摆上担子，晚上九时才上市，可是达官富人、名优贵妇都把汽车停在路边，站在担子旁一尝它的“银丝面”（粤人喜吃脆的硬的食品，打面时多加鸡蛋，切面时切得极细，味腴而面滑。我十二年前也曾吃过，三小时后竟因不消化而浑身出了风疹，从此不敢再吃广东人的面）。类此的事很多。

屠狗

屠狗本是燕赵慷慨悲歌之士的作风，不知怎的流传到了广州。吃狗肉最初是劳苦工人的嗜好，地点是河南凤凰岗一带的草棚，以红腐乳烧狗肉驰名。十多年前杀狗是有禁条的。现今吃狗的风气却传遍了上层社会，他们的说法是狗肉是补品，和吃蛇是一样的看法，但吃狗肉茶楼菜馆一概不肯做这种生意，说是下流，所以每每在家里弄。他们的方法是拣刚成年的小狗，用多量的老姜烧上三四小时才吃，大致是别有风味的。

骨　董

文德路活像上海的广东路，是骨董商店麇集的地方。但是许多人常说“天南金石贫”，比起上海广东路、北平琉璃厂自是不如甚远。不过如尊古阁、清秘阁几家说起醉红、龙泉、哥窑、圭、璧、璋、璜，以至八大、四王、十洲、香光，几乎无一不有，不过划算与否，还得靠你自己的眼睛。在胜利之初，不少美国大兵调防到广州游玩，除了大新路的象牙球外，文德路的老板们也都走了运道，笑逐颜开。又因广州离香港太近，美国人所喜欢的中国画，总以尺幅可装镜框，人物花鸟，赋色浓艳的最合口味，所以仇实父、唐六如、南平、新罗之类先生，十分精勤，“死了”还日夜作画，出品不穷，横竖为国家争取外汇，爱乡爱国，良用钦佩！

云来阁茶楼就在文德北路口的惠爱东路里，晚市玉客云集，入席据一桌者，都是清茶一盅，衣扣、袂带之间总是古玉成串，比较观赏；有一夜穿插于几十案之间，有取开水泡浸，摩挲不释，求其彩色显现。如此则合意可沽，也有奇货自居的，但总没有大件玉器，最大的也不过是璲、玲之类，而以小翁仲、小刚卯、小环等成串为多，而且灯光掩护之下也大好向初入门的好奇者大吹法螺啊！

雀　战

雀战非方城之战也，名同而实异。长寿路永元茶楼，一个三等的茶楼而已，二楼设座无多，但三楼则不同凡响了：豁然开朗，大堂上悬十字的长竹竿无数，活像人家悬竹以备挂方式蚊帐子之用一般。那些竹竿是挂鸟笼的。带鸟笼的茶客各占一桌，如画眉、“朱士啫”之类的鸟类很多，有中人在奔走，如两方主人合意便移笼作战。最先，把两笼口合拢来，开了第一个闸口，但仍有横竹隔开，如两鸟都在笼作拍翅前进的状态，即表示双方有意作战，于是开第二闸，那任何一只即会扑进对方的笼里开始战争，战争的结果是双方都头破折翼，而围观的人即大喝彩。这其间也常有黑市的赌博存在。茶楼里因此常有供给鸟类饲料的小贩穿插，如蚱蜢和鸟黍等贩卖者来应市。

较文明的是唱雀。中华中路大元茶楼，也是群鸟飞集之地。入席唱茶的也是人手一笼的。到那里的茶客真是耳福不浅；无类百种的清唱声，闭目凝听宛似置身非洲森林里。

除夕花市

广州人有一种迷信，说是农历元旦至元宵十五天中间，瓶上插

除夕花市　摄于 1920 年代

的花越开得灿烂，那年的收入一定好，同时有一种表示，哪一家在花市上买花最肯花钱的，一定是那一家（或人）那年进款最多，才肯如此浪费买花过年。所以为投合这种心理，花贩始不惜远在千里外运花到广州来赶花市。先是每年的十二月二十八九两天，便见有无数的级层竹架子搭在汉民中路和西关桨栏路两旁店户的行人路边，到了除夕的下午二时起有人把花摆在架上。那时的花价是平凡的，直至晚上八时起到十二时是花价最涨的时候，盖因老板们非到午夜没空出来走的。以去年的大年夜而论，米价是每石国币一百二十万元上下，乃竟有标售青梅一株开价一千五百万的。牡丹六十万一对，水仙二十万一对，甚至菊花芍药也每朵万元，真是惊人！而大半的顾客，却着眼吊钟花。吊钟花独生长在高要县鼎湖山上，贩客自山上用船运来，运费本已可观，且能售脱多少，又没人能晓得，所以价钱标到四五百万元一株也是等闲的事。花开后活像一个钟垂下，色有大红、粉红、湖色、纯白四种。

花市到午夜二时后，顾客意阑思归，花价乃渐降，倘有人有耐性候至四时，则百万元之花可以五万元持归。黎明，清道夫打个呵欠推清洁车牛步地上市，除岁爆声，花魂惨碎了。

结　婚

近日结婚仪式在广州是光怪陆离的，有些新式的是新郎新娘作主体，约集了亲友，即席二人宣布结婚便算了。有些更新的，登报声明“我俩于某日结婚敬告亲友”也算了。却有一些旧得难以笔述，说条件的需要乾宅送礼饼若干盒、烧猪若干只、金饰若干件，还要大红花轿子迎亲，跪拜花烛，一切一切极尽恢复十个世纪以前的格式才痛快的。

迷　信

笔者年前住在城中区大佛寺之傍，居高临下，把寺里的迷信节目看得透切清楚。每年盂兰节的十五天，三百六十小时内，你却休想入睡，不断的锣鼓声、诵经声、哭喊声使你坐卧不宁，烧冥镪冥衣的火光，使你疑是邻家大火。而入寺献金跪拜的还多半是乘私用汽车、西服熨发的士女。大佛寺每天的收入可总在亿元以上。真使人看了啼笑皆非。

广州社会真是一言难尽。无数的黑暗面、矛盾面更是不必细提。总之，在优异的地理环境下，这还年轻的民族，仗着商业的天才，挹注着大量的侨汇，自然充分表现民族的活泼性、享乐性，同时却有一些人是少读书、少理智的保守性，生活公式化性的表现，才有广州社会今日的种种现象。

（《旅行杂志》一九四八年第二十二卷第十期，原题《广州情调》）

第三编 无边风月

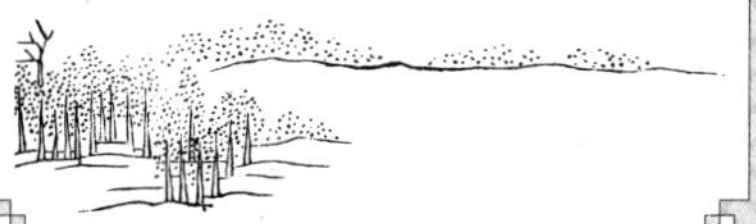

许地山：
如《客途秋恨》，传诵到现在还是不衰

许地山（1894—1941），名赞堃，字地山，笔名落华生，籍贯广东揭阳，生于台湾。中国现代著名作家和学者。先后毕业于北京大学、牛津大学，曾任香港大学文学院主任教授。主要著作有《空山灵雨》《道教史》和《印度文学》等。

诗歌是表现情感的文字，所以他的语风越庸俗越能使大多数的人受感动。现在的新诗运动，守旧或固执的人皆期以为不可，不曾想到这种运动不是近年才发作的。一说起诗，大家都推到唐朝。但唐朝的诗也不尽是贵族的或古典的。单说不避庸俗一节，自刘禹锡的《竹枝新词》写出来，不久就盛行通国，在诗史上也不能埋没他的位置。白诗的风格满有民众的色彩，也可以说是革盛唐以前诸体诗的命。竹枝词不能占很大的势力，不是因为他不能感动人，也不是不容易流行，乃是受科举制度的束缚。但这种体裁，一经发表，各处俚俗的诗歌有些就因此美化了。

我溜到一个地方，必要打听那里的歌谣或民众的文学；在广东住得最久，对于那省的诗歌很有特别的兴趣，所以要把个人以为最好的那一种介绍出来。广东的民众诗歌的种类很多，如南音、龙舟歌、

粤讴、山歌等，都是很通行的。这些歌全用本地方言写成，各有他的特别性质；现在单要说的，就是粤讴。

没说粤讴以前，我先略略介绍粤讴的创作者。粤讴不是很古的骨董，是近百年来招子庸创作的。招子庸的生平无从稽考；所知的，是他的别号叫明珊，在清道光年间曾做过山东青州府知府。他的第一本创作，冠名《粤讴》，在道光八年（1828）出版于广州西关澄天阁，内容共计一百二十余首。后来写这类韵文的人越来越多，《粤讴》便成了一种公名；甚或将书内第一篇《解心事》来做招子庸所做那本的名字——叫《招子庸解心事》。

东方的创作者爱用外号，不愿把自己的真名写出来，有时竟不署名；所以名作多而名作家的事迹少。若是现在到广州所（属）各县走一走，我们必要理解无论是谁，少有不会唱一两支粤讴的。他们所唱的未必尽出于招子庸手笔；但从实质看来，可以说这是他用本地方言把他的诗思表现出来的结果。

招子庸创作粤讴的动机在哪里呢？讲到这层，或者可以在书中找出一点他的行略。相传他要上北京会试的时候，在广州珠江上和一个妓女秋喜认识。彼此互相羡慕，大有白头偕老的思想。

无奈子庸赶着要起程，意思要等会试以后才回来娶她。秋喜欠人些少钱债，在两三个月中间从不曾向子庸提过；子庸一去，债主随来，她被迫不过，便跳入珠江溺死了。子庸回来，查知这事，就非常伤悼，于是作《吊秋喜》来表他的伤感。在粤讴里这是他的“处女作”。

招子庸是一个富于悲感的诗人，自从受了这场戟刺以后，对于青楼生活便起了无量悲心；所以《粤讴》里头十之八九是描写妓女的可怜生活的。描写恋爱的诗、文、小说、歌曲等，大约有两种倾向：第一，是描写肉欲，或受性欲束缚的；第二，是描写幽情，或显示同情感动的。子庸的《粤讴》是属于第二种；我们一读他的弁言就知道。他的弁言只有两句，是："越讴笃挚，履道士愿乐欲闻。请以此一卷书，普度世间一切沉迷欲海者。"

粤讴描写的方法，和东方各种诗歌差不多；都是借自然现象来动起等等人事的情感，并且多用象征的描写法。塞西尔·克莱门蒂（Cecil Clementi）于1904年将《粤讴》译成英文；在他的译本的绪言中说过：东方的诗从没有像希拉诗所用的拟人法。拿恋爱这事来说，在西方便要把他描成一个有翼的孩子，执着弓箭向那色男色女的心发射；或一个顽皮女孩，御者、荡人，夺来的孩子，酒保、赌徒等；但在中国，这种物质的拟人法是找不着的。中国的心思多是玄学，或理想的，所以诗人着力的地方，在象征化爱者，而不在爱的情感（Love-sentiment）。从这一点看来，粤讴的性质属希伯来的（Hebraic）多，而属希拉的（Hellenic）少。我们将《粤讴》来和《雅歌》(《旧约》第二十二卷；许地山新译本见《生命》第二卷第四、五册）比照一下，就知道二者所用象征很多相同的地方。

到这里，我们就要讨论一点《粤讴》的体裁了。在诗里，有兴体（或抒情体）、赋体（或叙事体）、散体（或散文体）等等分别，在歌里也是如此。《粤讴》的体裁多偏于兴体；他的章法是极其自由、极其流动的。平仄的限制，在粤讴里，可以说是没有。至于用韵一层，也不严格；通常以词韵为准，但俗语俗字有顺音的，也可以押上。押韵的方法多是一句平韵，一句仄韵；或两句仄间一句平。但这都不是一定的格式，只是随人的喜欢而已。用典不怕俗，凡众人知道的街谈巷语，或小说、传言都可以用。在每一首末了，常有感叹词“唉”“罢咯”“呀”或代名词呼格“君呀”“郎呀”等等字眼。有“唉”“呀”的句通常在全篇中是最短的句，而最末了那句是全篇最长的句。这个特性，因为《粤讴》是要来唱的缘故；唱到“唉”“呀”“罢咯”等字句，就是给人一个曲终的暗示。唱《粤讴》俱用琵琶和着，但广东人精于琵琶的很少，所以各牌的调子都没有什么变化。

我粤讴的大略说完，就要把招子庸所做那本里头几首我最喜欢的写在后头，使非广东人也享受点《粤讴》的滋味。

自招子庸以后，《粤讴》的作家很多；如缪莲仙的作品也是数一数二的。莲仙或与子庸同时，或晚他几年。他的生平也少有人知道，只知道他是浙江人，游幕到广州的。他作《粤讴》，但在南音上更有特别的长处；如《客途秋恨》，传诵到现在还是不衰。

在广州或香港的日报上，时常也有好的《粤讴》发表出来，不过作者署名的方法太随便，有时竟不署名，所以我不知道现在的作家都是哪位。我盼望广东人能够把这种地方文学保存起来，发扬起来，使他能在文学上占更重要的位置。

解心事（原本第一首）

心各有事，总要解脱为先。

心事唔[1]安，解得就了然。

苦海茫茫，多数是命蹇；

向苦中寻乐便是神仙。

若系[2]愁苦到不堪，真系恶算；

总好过官门地狱更重哀怜。

退一步海阔天空就唔使[3]自怨。

心能自解，真正系乐境无边。

若系解到唔解得通，就讲过阴骘个便[4]。

唉！凡事检点；

积善心唔险。

你睇[5]！远报在来生，近报在目前。

---

① 唔，“不”的意思。

② 系，“是”的意思。

③ 唔使，“不用”的意思。

④ 个便，国语说“那一方面”的意思。

⑤ 睇，“看”的意思。

听春莺（原本第四首）

断肠人，怕听春莺。
莺语撩人更易断魂。
春光一到，已自撩人恨：
鸟呀！你重[①]有意和春共碎我心？
人地话鸟语可以忘忧，我正听佢[②]一阵。
你估[③]人难如鸟，定是鸟不如人？
见佢恃在能言，就言到妙品；
但逢好境就语向春明！
点得，鸟呀，你替我讲句真言，言过个薄幸！[④]
又怕你言词关切，佢又当作唔闻。
又点得我魂梦化作鸟飞，同你去搵[⑤]！
搵着薄情详讲，重要佢回音。
唉！真欲紧[⑥]。
做梦还依枕。
但得我梦中唔叫醒我，我就附着你同行。

---

① 重，“还”的意思。

② 佢，“他”的意思。

③ 估，“猜”的意思。

④ 点得，“怎么能够”的意思。过个，同“那个”，有时作“个个”。

⑤ 搵，“找寻”的意思。

⑥ 欲紧，“着急”或“焦急”的意思，或作“肉紧”。

缘悭（原本第六首）

相识恨晚，自见缘悭。
呢下[①] 相逢就别，我实见心烦。
做乜相见咁好时，相处都有限？[②]
今日征鸿两地怨孤单。
做女个阵，点知流落呢处受风流难？[③]
夜夜虽则成双，我实见单。
当初悔不听王孙谏：
欲还花债，误到人间。
既落到人间，须要带眼；
还要会拣，
世上惜花人亦有限，
但系好花扶得起，就要曲意关阑。

花本一样（原本第十三首）

花本一样，忧乐佢都唔知。
佢话落花还有再开时。

---

① 呢下，“在这一会”的意思。

② 做乜，“为什么”的意思。“咁”，“如此”的意思。

③ 个阵，“那时节”的意思。点知，“怎知道”的意思。呢处，“这里”的意思。

恐防春老东君弃，
落后焉能再上枝？
来春雨露自有来春意；
若再等到青春，放也迟。
虽系鲜花咁好，未必无人理。
须防开透被蝶蜂欺。
你芳心检点去寻知己。
唔系噤[1]你。
探花人紧记！
总系百花头上莫错折蔷薇。

潇湘雁（原本第十六首）

潇湘雁，寄尽有情书，
衡阳消息，现在何如？
雁呀！你声声触起奴愁绪。
亏我夜来残梦捱[2]到五更余。
春衫湿透离人泪。
叫我点能等得合浦还珠？
为郎写不尽相思句。

---

① 噤，“欺骗”“诳言”的意思。

② 捱，同“挨”。

唉，情又不死！

握手人何处？

雁呀！我个知心人去，你为何带呢首断肠词！

春果有恨（原本第二十二首）

春果有恨，柳岂唔知？

柳呀，你日日系咁牵情，到底有乜了期？

春来偏惹离人意。

可恨春风如剪，又剪不断情丝。

累得长亭病马鞭唔起。

又累得绣阁临妆懒去画眉。

正系春梦一场都交畀过你。

替人憔悴，枉费你心机。

恐怕年年捱不惯个的[1] 秋风气。

青黄满面瘦骨难支。

个阵意欲寻春，春又不理。

情薄过纸。

愁种在相思地。

柳呀！你生长在人间，切莫去绾个种别离。

---

① 个的，“那些”的意思。

无情月（原本第二十四首）

无情月，挂在奈何天。

相思嫌月照住孤眠。

月呀！你有缺时，还有复转；

做乜我郎一去，得咁心坚？

哀求月老为我行方便：

照见我郎，试问一句，睇佢点样子回言。

若是佢心歪唔记念，

叫佢手按住良心睇一下天。

做人唔好做得咁心肝变。

你唔记如今，都要记下在前。

为郎终日牵肠断。

叫我点能学得个个[1]月里婵娟？

若得相逢学月咁易见个无情面，[2]

我唔怕路远，

定要去问明佢心事见点[3]，

免使虚担人世呢段假意姻缘。

---

① 个个，“那个”的意思。

② 学，同“像”。易见，“这么容易”。个，“那个”的减写。

③ 见点，“看怎样”的意思。

吊秋喜（原本第四十七首）

听见你话死，实在见思疑。
何苦轻生得咁痴？
你系为人客死，心唔怪得你。
死因钱债，叫我怎不伤悲？
你平日当我系知己，亦该同我讲句；
做乜交情三两个月，都无句言词？
往日个种恩情，丢了落水。
纵有金银烧尽，带不到阴司。
可惜漂泊在青楼，辜负你一世；
烟花场上无日开眉。
你名叫秋喜，
只望等到秋来还有喜意。
做乜才过冬至后，就被霜雪欺？
今日无力春风唔共你争得啖气，
落花无主，咁就葬在春泥。
此后情思有梦你便频须寄。
或者尽我呢点穷心慰下故知。
泉路茫茫，你双脚又咁细；
“黄泉无客店”，问你向乜谁栖？

青山白骨唔知凭谁祭，
衰杨，残月，空听个杜鹃啼。
未必有个知心人来共你掷纸，
清明空恨个页纸钱飞。
罢咯[1]，不若当你系义妻，来送你入寺。
等你孤魂无主，仗下佛力扶持。
你便哀恳个位慈云施下佛偈，
等你转过来生，誓不做客妻。
若系冤债未偿，再罚你落花粉地，
你便拣一个多情，早早见机。
我若共你未断情缘，重有相会日子。
须紧记！
念下前恩义。
讲到销魂个两个字，共你死过都唔迟。

无情曲（原本第五十九首）

无情曲，对不住君歌。
绿波春水奈愁何。
好鸟有心怜悯我：
替我声声啼唤，“舍不得哥哥”！

① 叹词语尾。

今日留不住，未必系王孙错。
雁塔题名，你便趁早一科。
我想再世李仙无乜几个[①]。
休要放过！
今日孤单，谁识你系郑元和？

桃花扇（原本第九十二首）

桃花扇，写首断肠词。
写到情深，扇都会惨凄。
命无薄得过桃花；情无薄得过纸：
纸上桃花，薄更可知！
君呀！你既写桃花容，先要晓得花嘅[②]意思。
青春难得，莫误花时。
我想绝世风流，都无乜好恃：
秋风团扇，怨在深闺。
写出万叶，千花，都为“情”一个字。
唔信，你睇侯公子、李香君，唔系情重，点得遇合佳期？

（《民铎杂志》一九二二年第三卷第三期，原题《粤讴在文学上之地位》）

---

① 无乜几个，“不多”“没有多少个”的意思。

② 嘅，“的”的意思。

静　观：
那种稀稀落落“叫艇呀”的呼声，含有许多凄凄的音调

讲述人生平不详。

如果是酷爱花月专谈风流的人，则广州市十多里的长堤，最足令他留恋的，莫如海珠附近一带。因为那处既没有西堤的忙碌得令人讨厌，又没有东堤的萧索得令人伤感；珠江夜月——是羊城八景之第一景——大自然的景致，已足令你游目骋怀，况复有娇娆的珠娘（粤人称堤岸一带的艇妹曰珠娘）点缀其间，更足令你留恋不忍去。这种富有诗意的情景，在广东境内——或竟全国——是不可多得的了。

我们从广州市内出了靖海路，转入长堤的当儿，耳朵上便远远近近地听到莺声婉转的声音，“叫艇呀！”“叫艇呀！”地在叫唤着。在黄昏，尤其是丝丝细雨的黄昏，在灰白色的灯光下面，滴着一点点雨水的堤旁绿树下，便站着许多穿红着绿的珠娘，动作着种种的姿势，施展着种种的手腕，在招揽游客。而一般狂蜂浪蝶，也逸兴

遄飞，冒雨行乐：一手撑着雨伞，一手提着裤脚，伸眉张目，评头品足，眉来眼去，此呼彼应；在情意缠绵的肉场中，充分地表露出各个的主要要求和一切爱憎的支配条件来。即在平时，学徒店伙们，在晚饭完毕后，打算着今夜不要开夜工，就联群结队，闲逛到这里来，寻寻开心。一到这地，他们整天的劳动、整天的郁闷、整天的紧张心情，都和缓下来，风消云散似的漂流在这小小的空间内，短短的时间内。珠娘轻盈的唤渡声，真是神秘啊！

“叫艇”，在一般游客看来，确是一件多么有趣而便宜的玩乐！她们的行情，是分几种的：如果仅仅以“过宿”为目的，则每晚不过小洋八九角便得——过了十一点以后，她们因生意的关系，有时竟大减价至五六角，比最经济的旅店，还便宜了许多。晨起的时候，珠娘执巾捧栉，善意逢迎。如果于“过宿”之外，还有其他的目的，那也不须你多费口舌，左寻右问，在未走入艇门以前，自有年纪较老的“疍家婆”（珠娘之老者）代为介绍、代为打算：某也环肥，某也燕瘦，某也伶俐，某也柔顺，某也夜渡资若干，历历说来，如数家珍；你若有意，可以“择‘尤’录用”！

珠娘们娇娆错落地站在堤岸，向行人们抛着微笑，一声一声地在唤渡，这种情形，在她们的心中，在闲游人们的心中，是有不同的意义的。闲游的人们，把嬉笑忘记了日间的疲劳，她们也把嬉笑忘记了生活的痛苦；一回追逐，几番娇嗔笑骂，也许就这样作成了交易。这个时候，这种光景，仿佛是“融融泄泄，其乐陶陶”的。但深刻地加以观察，卖花人却不可和买花人同日而语啊！生活之鞭，鞭策着她们必须妖容艳服，去迷惑人们，鞭策着她们必须胁肩谄笑、和颜悦色，去招徕顾客。所谓“多情”的人们，所谓“风流”的人们，便是她们所指望的面包和粮食的唯一来源。有时更漏将尽，游人稀散，灯光幻灭，珠江死寂，而她们的艇里，还没有顾客的时候，那种稀稀落落的“叫艇呀！”“叫艇呀！”的呼声，含有许多凄凄的音调。沿堤的孩子们称她们“叫艇”的声音为“吊颈”（广东称悬梁自尽的意思）真是恰当不过。那时她们有些焦急了，有些疲倦了，然而还须伺候着路人，继续不断地呼叫着，徘徊着。她们的内心多么苦啊！

得到了顾客了，得到了“多情”“风流”的顾客了，她们的生活，可就丰裕快活了么？平常的顾客，艇租几角不足言，即使得有特别的——过宿外更有目的——顾客，她们的夜渡资，大约是三元至六元不等。然而这小小的数目，却须经过重重的剥削，所得是极有限的。因为她们这种行为，不能公开的，不像陈塘的正牌花妓，花枝招展地公然工作。她们须时时顾虑着警察和侦探，以及花捐局的稽查等来恐吓和要挟，只有暗中求谅于他们，予他们以种种的权利，因之遂形成了若干层的剥削，而“疍家婆”的撮合，也须给以几分之几的酬劳费。所以幸运的珠娘，招揽到了一个顾客，实际上所得到的夜渡资，还不过是其价目的二分之一罢了。

广州市堤畔的珠娘，究竟有多少呢？据前年省政府的人口调查：全市的疍民，共九万两千零一十六人，其中男的占四万八千七百四十一人，女占四万三千两百七十五人。其中年幼的疍女——珠娘——和卖淫的珠娘，究竟有多少？我却没详确地调查过，不敢臆说。至于她们或他

鹅潭帆影　摄于 1920 年代

们的职业，原本是担任交通和运输等重要工作，对于社会很有不小的贡献，这是她们祖先的光荣，到现在，她们渐渐失了本来的意义，忘记了本来的职业和工作。这不全是她们的惰性所主使，时代递嬗，天然淘汰，逼使她们不得不忘记那些，而趋向于这一方向。你看，“过海”（广州市人这样叫，实则过江）已有商人承办的过海电船，并且另有所谓“横水渡”，她们怎能与之竞争？正路既不可通，她们就只得走偏路了！现在堂皇伟丽，坦若平途的海珠铁桥，横卧珠江中，从此她们将“望桥兴叹”，生活更觉艰难了。当局倘仍不为她们的生活着想，她们益不能不以肉体换取粮食，今后海珠附近，更必平添春色，肉市兴隆啊！

（《新生周刊》一九三四年第一卷第十六期，原题《春光明媚话珠娘》）

曼　茵：
卖唱盲女、茶楼歌女与女理发匠

曼茵（1912—？），姓李，笔名黄雨，广东潮安人。曾任北京大学文学院研究所研究员，著有散文集《雪》、诗集《果树园》等。

广州若干女人的社会生活，就我所知的，写一点在这里。

卖唱的盲女

在夜的总汇里，在辉煌的灯光所射不到的冷静的街衢路角，我常常碰着一对一对的，戴着黑色眼镜的盲女，打扮得花花绿绿，拉着竹弦，唱着迷人的调子，在招揽生意，碰着好运气时，一夜中，卖几条曲，换几毛钱，一天的生活费便有着了。她们虽然是人类中的不幸者，没有眼睛的残疾人，但她们不怕一切的坎坷，而不断地摸索着，挣扎着，这至少比一般有眼睛，吃饱饭，没事做的阔人完人来得可敬！

据说广州卖唱的盲女有三四百人，她们没有受到革命政府所在地的盲人教授，她们卖唱的技艺是自己请人教授的，政府是没有工夫去管理这班残疾人的，不过她们操这种生涯，也要向市政府的社会局注册。

受了不景气的影响，市民们的失业是一天大地严重起来，自然没有闲钱去做这种消遣，她们的生意，也就无人过问，因此，她们不得不再想出一种生产工具，去兼营被狂蜂浪蝶眠花宿柳的丑业，给一般苦力工人作泄欲器，一个拉车夫，他如果有两毛钱，便可得到一度消魂！还可找回四个铜仙。

楼上的歌女

说到广州市上的茶楼，就要令人联想起南洋群岛一带地方的咖啡店，它们一样的是市民们的憩息所、谈话处、茶烟起处，你可以看见每张不同的面容，各个人的苦乐的生活，一一反映在那面上；嚣杂的人声中，你又可以细辨出谁是得意，谁是失志。这儿有着挂精武带的武装同志，在发挥着倒甲拥乙的宏论；有的阴谋家在密商着铤险的诡计；有穿着便衣的特务侦探，用着猎犬的眼光在扫射着座上的人，有挟着女同志的革命老爷，在喁喁情话；有被视作牛马的工人的眼睛发火，袒胸挥拳，“丢那妈”“丢那妈”地骂着压迫人的人；有戴眼镜的大学生们，在讨论着东宫西宫的皇后及怎样去讨好校长教授，希图方帽子一戴，便可成为党国柱石、南北要人。有年轻的人们在讨论着怎样去触摸永汉路上女人的活屁股，有中年人老年人在读报，感叹着世风不古、人欲横流、民穷财尽、天子不出；有来省候官补缺的异乡人，在做着飞黄腾达的美梦……总之，你若有十几个铜仙，便可以占了一个座位，饮一杯龙井茶，如果你有同行的人，便可以在那里一面喝茶一面畅谈，随便你谈几个钟头，那是你的自由，老板是决不会下逐客令的。

广州的华丽宽敞的建筑物，除了革命老爷、党国委员的私邸外，茶楼是占了一大部分，随便你到哪条街、哪条巷，保你可以看见耸峙几层的茶楼，这确是这个南国都市的特征，每一家茶楼都有别出心裁、灿烂夺目的广告术刻刻在引诱你的茶欲。普通茶楼的座位，分为几个等级，什么“二分厅”“三分厅”“六分厅”“一角厅”，跟着顾客的身分而划出森严的界限，大抵二、三分厅的茗客是劳动工人；“四分厅”“六分厅”以至“一角厅”的茗客是学生以及中等阶级的人们。茗客除了饮茶之外，还有各种各式的星期美点，任你所欲。在“一角厅”中还有供人娱乐的歌女，在厅的中央搭起一个玲珑精致的歌台，歌女坐在当中唱曲，台下前列是音乐师的座位。铜鼓一响，茗客们就心荡魂飞，引长颈子，痴痴地望着那艳装娇媚的歌女，竖起耳朵，谛听着什么“泪洒秋江”“香国愁缘”“情一字”“黛玉葬花词”一类的羞人答答、动人深深的歌曲。一般富有高明手段的人，就在这时候眼波传情，竞吊膀子。这样她们除了卖其呖呖莺声之餐，肉的出卖也是她们收入的大宗。

这些歌女她们组织有一个歌伶会，会员有几百人，她们受聘于各大茶楼，每天可赚二十几元，生活比较正牌的女人差胜一点。

女理发匠

自去年以来，广州市上勃兴了许多女子理发店，这些女理发店大都是做男士的生意，还不晓得是这地方的她们比较男的技术高明，还是别有好处，才使男人趋之若鹜！

比较闻名的理发店有沧滨路的“珊瑚”、永汉路的“梅花”、长堤的“中山”、西濠口的“白璧”，这些女子理发店，可惜我没有一一去访问过，其详恕我不知。

记得有一次，我因两月发誓不剪发，后来自己一照镜子，乱蓬蓬的头发，似乎觉得可憎熟甚！忽然好奇心来了！我摸着衣袋还有三毛钱，就打算要一个女人来理发，才不辜负我的头发，我终于拖着我唯一的乌布长衫，鼓着勇气，把一家皇宫化的理发店门一推，我的奇怪的眼光，向她们的脸上一扫，然后转视着躺在椅上理发的人，他们的眼不约而同地睁着我，似乎在说：“你这样的人，胆敢闯入这 Gentleman 理发宫？”

有人在招呼我，婀娜地说：“先生，请位！”是一个少艾的女子，她给我送上一支卷烟，随着我就高踞着一个空位！我抽起烟来！我仔细地一看，在座的尽是男顾客，八个着白色旗袍的女子，各各细心地工作着。从镜中我觑着同座的男士们，用着不屑的神情，在吟味着我这个年轻的浪人的容貌！我眉头一蹙：难道这些女子是专供“高等华人”剪发的么？！

替我剪的是一个少妇样的身材，她的两颊有意无意地涂上两片樱红，红得令我不敢鉴赏。剃面时，她的脸朝着我的脸，我只有把眼皮闭上，天晓得！好容易，她把我不算一回事地剪好了，我给她三毛钱便向右转，奇怪！我发觉那些先我而至的“高等华人”还没有剪好。更奇怪！我瞥见一个正在剃须的人的口里紧紧地吻着那个女理发匠的一只纤指，我故意嗽了一声，她立刻红着脸，缩回她的纤指，按上那个人的上唇一下一下地剃，而那个“高等华人”却还睡在春风里一样！啊，天晓得！这就是广州女子理发店顿然增多的原因么？我不得其解，大踏步地出了那艺术化的皇宫化的店门。

（《十日谈》一九三四年第二十七期，原题《谈广州女人》）

阿　微：
卖唱盲女、茶楼歌女、女理发匠和女擦鞋匠

讲述人生平不详。

卖唱的盲女

在本刊二十七期里，有曼茵君的一篇《谈广州女人》，对于一部分广州女人的生活的局部描写，很为确切，但也有些与事实微有出入之处：这或许是曼茵君于广州社会里的实情不曾深习吧？鄙人生长广州，对于这里情形，比较明白。愿就见闻所及，检正并补充如后。

在《谈广州女人》里，曼茵君把卖唱的盲女的生活描写过了，这里用不着再谈。然而她们的卖唱，究是出于主动还是被动的呢？曼茵君还没有谈到。

其实，广州盲女的卖唱，可说是全部皆处被动地位的，她们里面的组织，和卖肉的娼家没有什么分别：一样的有鸨母，一样也须

广州姑娘　摄于 1920 年代

受着鸨母的驱策，也是用钱买来的。天天卖唱的收入，全是鸨母的；生意不好，收入少了，还得受鸨母的打骂！生活的凄苦，正和娼娘没有两样呢！听说，有些恶鸨，还会买几个生得漂亮的没有盲的女童，不顾人道，强生生地用药盲了她的眼睛，才教她习曲。年纪大了，才驱她出唱呢！负有维持人道的责任的，关于这点，却还没有注意到！

至于兼营卖肉，不是近年才有的了；也没有曼茵君所说“一个拉车夫，他如果有两毛钱，便可得到一度消魂！还可找回四个铜仙”那样平。一度销魂的价，仅须六角八角啊！她们卖肉的场所，从前最著名的，要算西堤靖远路一带，年前当局以风化攸关，给他严厉拿捕后，总算肃清了！现在呢，西关陈基一带依旧有她们的活动（这里是著名的盲女卖淫窟的所在地）。你们有空，逛进这里，那打扮得妖精一样，一排一排坐在矮小的屋子里的盲女，真个大有山阴道上之概呢！从前，我觉得军警林立、侦探如麻的广州市里，有这样的公开的秘密有点奇怪，后来，才晓得她们是在黑暗势力的保护下，所以能这样公开的！

茶楼上的歌女

不知因了不景气的影响，还是听曲人的日久生厌，唱歌女的茶楼，近来远不像前时的多了！月来相继停唱的，也有河南的漱珠、长堤的大（三）元等好几家。直接受其影响的，自然是歌女们。声色稍差一点的，马上要失业起来！茶楼的停唱日多，歌女的失业日众！到底知音人甚少，虽廉价出卖她的莺声，亦几无人过问！从前声色较好的，每天最高的代价是十五元，现在降至十元八元不等；普通的还在三元五元之间呢！实在没有像曼茵君说的“每天可赚二十几元”那样丰啊！

说到肉的出卖，在她们也是常有的，不过，想得到她们青睐，究非朝夕工夫便可办到；而像咱们这样的穷小子更休谈；都是财势双全的才行呢！所以比较红牌的歌女，都成了有殊力者的慰劳品。去年最红牌的一个歌女文雅丽，便给一个县长大人攫了去做小妻！

女理发匠

关于女理发匠事，曼茵君说：“自去年以来，广州市上勃兴了许多女子理发店……”勃兴了许多女子理发店，这是真的。但并不自去年才有，其实六七年前已经有了，始创是永汉路的木兰。其后日渐的多了，直至现在，有的大约三四十家，女发匠也有六七百人。这数目总可想得的了，虽然还没有调查清楚。

又说：“比较闻名的女理发店有沧滨路的……”把“仓边”误做“沧滨”。这位曼茵君大概是上海的土产吧？我想。不然的话，哪里会有这样的误？（“沧滨”两字用上海话读起来，恰成“仓边”两字的广州音。）

女理发匠的生活，还算过得去，比较高等的，理一个头，总须四角至六角。她们每天的收入，总在两三元之间，此还有客人额外给予的小账。

女擦鞋匠

最近还有一件崭新而起的女子职业，就是女擦鞋匠。前月惠爱路的半瓯茶室楼下，新辟了一爿擦鞋店。这擦鞋店的装饰，倒也十分辉煌，里面一排一排，全是最新的西式座椅。你有一角子，便可坐了上去，替你擦鞋的，全是妙龄的女郎，服装也很是漂亮！这店开张以来，很得公子哥儿们的欢喜，还弄得她们整天地忙个不了呢！

（《十日谈》一九三四年第三十四期，原题《〈谈广州女人〉补》）

莫绚昉：
西关小姐生长于有钱的人家，每天食五次，晚上还要消夜

讲述人生平不详。

仿佛在不久以前，有人将广州分成三个不同的社会：东山为最洋化、最摩登的区域，城内次之，而西关则仍保持古旧之风。虽然这样的划分法带有点滑稽，但事实也非形容过甚。

在这三个不同的环境中，东山与西关之间，不论在房屋、人物及生活情形都有明显的差异。例如日常的称呼，东山大多数称先生、君、姑娘、师奶等，而西关则叫老爷、少爷、小姐、太太、少奶等，所以把两个区域的生活来分析一下，实在是一件有趣的事情。

现在我就把西关居住的人物来说一下：在西关居住的人物非常复杂，而带有点神秘气味的，包含有老爷、太太、小姐、少爷等各种角色。在这几种人中，都有各种不同的生活方式，其中最使人注意的就是小姐，因为在这过渡时代中，她们的生活，多少有点变化，而转变中的花样实在层出不穷，所以值得一谈。

一、生活方式

生活当然包括了住、食、衣三个要素。就以住来说，住在西关的人，多数是有钱的，但没有像东山那样新式的、所谓 American style、French style 等华丽的洋楼，他们都住在旧式的大屋里，所以小姐们的生活，虽然没有住洋楼，但也够舒服的。至于食，小姐们生长于有钱的人家，食的当然是好东西，食的次数比平常人家要多，每天食五次（有些例外），晚上还要消夜。说到衣服问题：因为时代的转变、潮流的趋向，她们也跟着放足（这已经是许久以前的事了）、剪发，但样式很旧，每天涂上生发油，梳得滑滑的；近年来，她们也穿起漂亮的旗袍来，但里面还穿上绿色或红色的、和旗袍一样长的裤子，大多数还束胸，不穿高跟鞋，穿的是绣花的薄底绣鞋，走起路来，当然没有曲线可言了。

小姐们大多数是有闲阶级，不须工作，她们的消遣都是抹牌、看大戏（即粤剧）、逛游乐场……每天从十时起床，梳好了头，涂上胭脂，扑了厚的粉，早饭后整天都消费在无聊的事情上，晚上还集合了许多人，在家里打麻雀，到深夜才休息。

二、教育问题

近年来因为广州的教育发达，西关小姐们也逐渐地进学校了，

西关一景　摄于 1900 年代

在以前——到现在还存在着——教育的方法，就是由几家人，同时出资，联同请一个专家先生来教授，这专家先生当然是八股佬啦，无论少爷们、小姐们，都同在一个馆子里受教育，小姐们大约读上三年或五年，能够读一部木鱼书，或是写一封通顺的信，那就算了，所以她们没有自己谋生的技能，唯一的出路，便是出嫁，靠丈夫过活。

三、婚姻与恋爱观念

上面已说过，西关还保持古旧之风，西关小姐们的婚姻问题，也由“父母之命”“媒妁之言”而解决了;近年来太太们也叹息着:“女大女世界！”恋爱的问题便由此发生了，固然其中原因，是一小部分受学校教育小姐的鼓吹，但大部分是为“性欲”与“乐乐”才去追求异性的。在过渡时代的广州，新不十分新，旧也不算旧，恋爱的花样便多了，例如女学生爱体育家，女工爱剪发佬等，而西关小姐爱什么呢？她们所爱的就是（因为与）做大戏的戏子们接触机会特别多，在戏中著名的角色如薛觉先、马师曾等，实有不少的小姐为他们倾倒。

四、尾　巴

关于广州西关小姐的生活，大概是这样。中国革命了二十多年，而在革命策源地的广东，尤其是在广州，尚存有这封建制度的残余势力，由此可知革命只是一部分人罢了！这是值得注意的事情。完了！

一九三三年十二月十三日

（《十日谈》一九三四年第十六期，原题《广州的西关小姐》）

蕴　芬：
“疍家”没有人叫“疍家公”，只有叫“疍家婆”的

讲述人生平不详。

在广东，“疍家”这一个名词，谁也晓得的。在珠江内河一带，东至“鬼棚尾”，西至“观音桥”、黄沙，都是他们活动所在。

说起来却有点奇怪，“疍家”没有人叫“疍家公”，只有叫“疍家婆”的。譬如人们在街上碰到面貌较粗黑一点的妇女便说：“她真像疍家婆一样。”由此可见得疍家的生活，是以妇女为中心，男子们是不大让人注意的。那种水上生活的妇女，是广州劳动妇女中颇特殊的一部分。

她们的家，就是她们唯一的艇，整年整月，都在水上过活。男子们大都到岸上去佣工，妇女们却多数住在艇里。她们的艇，有钱的便装饰得美丽一点，晚间把舱板铺上，就一铺床，早上除去舱板，就是坐的地方。疍家晚间甚少用蚊帐的，传说是：“很久以前，有一位神仙，将世界里的蚊像收妖一样地藏于海底。后来被疍家放了，

因此，蚊是不向水上的疍家刺的。”那些属于迷信；事实上，因有海风吹拂的缘故之说为可靠。

她们平常生活，大概摇着船，开去江边浅水的地方摸蚬虾。她们都很健康的，有坚实的筋肉，有耐劳吃苦的性格，皮肤给太阳和海风弄得和农夫背膊一样粗黑，因为摇船的缘故，手脚非常粗大。有蚬虾的时候，她们每天摸着，尤其是在旧历年底和新年头的时候，这是她们一个好机会到了：满街满巷地挑着竹筐，背着小孩（广州叫他疍家仔，出生不久，无论男女，把他们的两只耳朵穿上耳环，说是可以长命，从前富家子女，曾一度这样的效法）沿街高喊：“黄沙大蚬！”“发财大蚬！”广州人的习惯，过新年总要吃蚬的，“蚬”“显”取其一音之通及显达的意思，因此，她们的收入便特别的丰富，有畸形的发展。在平常的日子，她们也摸摸鱼螺，摸摸小蚬仔，将蚬壳盖破开，光卖蚬肉。除了这些生意，还有一种“猪肠糕”的东西,也是她们独特的出品（制造的方法,是以米粉搓之成条，蒸熟后撒芝麻、蘸酸醋，其味颇甘滑适口），她们拿到市上各街巷里卖。上面所说的，完全是她们的副业，渡客过海，自然是她们本来主要的生意，晚上，“游河”“过夜”，也是她们主要的生意经。

广州离河南，是一衣带水，遥遥相对，现在水上交通，除了海珠桥外，主要是靠疍家的艇。西濠口的码头，在那里找生活的疍家艇，大约有三百余艘，单计过海至河南的玄坛庙、北帝庙的横水渡，已经是两百余艘。疍家们为着免大家争夺生意的缘故，特规定了她们平均维持的办法，每横水渡载客不得超过十名，并且指定一半是

珠江　摄于 1920 年代

在河南载客，一半是在河北载客，大家保持那办法干去，秩序很好，她们数口之家，便如此可以无饥了。除了那种横水渡之外，还有纱艇（蛋家们称为“大厅”）来往沥滘、花地、大石、芳村，其外黄沙码头过海，俱是纱艇。东便的算公正街码头最繁盛，其次是联商码头，在那两个码头，有各货船湾泊，蛋家的小艇，其数亦超过三百艘，她们来往岭南、颐养、新村、石榴冈等的附近或较远的村乡，生意不错，亦可维持生活。

至于修饰较华丽的艇，在朗朗月明的夜里，或是长夏的黄昏，许多公子哥儿们厌倦了音乐茶座、滑冰、行街、电影院、冰室的消遣寻乐，便雇了她们的艇，摇到江心去，这倒是一个难得的乐境。（蛋家的这笔特殊收入，中秋前后，更为惊人。）所以在夏天的黄昏时候，沿着长堤岸边，灯光闪烁下，凉风习习中，一群一队的健康蛋家少女，赤着脚，穿起一双黑漆发亮的木屐或拖鞋，放出妙曼的、另具一种风味的叫声：“叫艇呀！先生！”“游河呀！先生！”

她们的习惯，差不多全是一样，自有其风俗的养成，妇女大都很会骂人，撑船摇桨的本领，要比男子汉灵巧。

别轻视呀，这群肯劳动的女性，争光荣的女同胞！

（《妇女世界》一九四五年第五十三期，原题《广州的“蛋家婆”》）

吕少泉：
“疍家”者，就是指广州沿海之滨的船户

讲述人生平不详。

凡是来过广东的人们，总能见到一种特殊的现象；这种特殊的现象，并非别的现象，就是广州长堤一带的船户，以舟为业的水上居民，也就是本文所要谈的“疍家”。他们的人数，言人人殊。据民国二十二年广州岭南社会研究所调查所得，广州的疍民至少要在十万至十五万之间。这是一个多么惊人的数目啊！他们所过的，是水上的生活。关于他们的起居习俗，自然与陆上的居民稍有不同。现在据笔者所知道的，就把他们的情形，略为分述如次，以告未到过广东的人们。我想读者也乐于知道吧！可是要牢记着，这里所谈是广州的“疍家”，不是广东整个的“疍家”。

一、疍家的名称

我们想谈广州的“疍家”,首先要明白什么叫作“疍家”。“疍家”者，就是指广州沿海之滨的船户。因为民族关系，和谋生的便利起见，他们的居处完全是在水上的，大有逐水草而居之势，很少到岸上来居住，除非他们的女孩子嫁给了岸上的人，不过这样是很少数的。他们是世世相传、以船为家的水上居民，所以广州的人们就称呼之曰“疍家”。“疍家”的名称，他们是不大喜欢的，但习惯相沿，他们也是无可奈何的啊!

二、疍家的沿流

“疍家”的沿流，依人们所言的，真是众说纷纭，莫衷一是。有人说，谓“疍家”为南下元人的遗裔；另有人说，谓“疍家”为汉族的别支；又有人说，则谓“疍家”为苗族的遗裔。都是世代相传，便以水上为家的。以上三种说法，都很有使我们相信的可能性，但未经考据，是否确实，仍属疑问。近人罗香林著有疍家一文，把以上三种说法，驳得体无完肤，认为臆说，殊不足信。他的意思，则以为“疍家”系越族的苗裔，举出证据来，我们比较可以相信，读者诸君，可参阅之，这里恕不再赘。

疍家婆负儿摇船　摄于 1920 年代

三、疍家的性情

“疍家”的性情是粗蠢，而最迷信不过的，开船时例必烧香拜佛，为的是可以保佑他们水行的便利；停泊时也朝夕祈祷。有时，虽处在贫弱的时候，对于拜祭的费用，他们也是不吝的。假如有人溺水时，他们每每是袖手旁观，不肯援救，其意为溺水者系鬼替，救之恐触鬼怒，而殃及自己。他们的迷信，有如此者，可胜浩叹！这种观念，在现在的情形来看，已逐渐打破。他们的男子，即所谓“疍家佬”，或“疍家仔”每多锥耳，其意义则为男扮女者，易于长大。遇病不求医，只要求神保佑就得，这种行为，也逐渐减少了。

四、疍家的饮食

他们的饮食，多数是大吃特吃的，节俭的也有，不过是凤毛麟角，少之又少，虽然他们是大吃特吃，可是他们所吃的，是贵多不贵精，普通的人们，是贵精不贵多，与他们是正相反。如他们三人同一块吃，也须要五六盘菜。酒楼饭庄的余馁，是他们唯一的主顾。广州话无以名之，名之曰“揸二摊”，取其价钱便宜而多的意思。他们的男子，早晨和午后，多数是到茶居（或茶楼）饮茶，但是不多吃的，仅“一盅两件”（一壶茶两件点心之意）而已。

五、疍家的语言

“疍家”的语言，与广州陆上的人们是大同小异的，因为彼此都是相接近，而往来又多的缘故。不过他们是少用鼻音和喉舌音的。例如广州人说“洗脚”，他们则说“洗角”；广州人读“香港”，他们则读“康港”。这些口音多数是他们的妇女，即所谓“疍家婆”“疍家妹”错读的，他们的男子在岸上的时候比较多，与陆上的人们谈话机会自然也多，不知不觉地很容易把这些错读的口音改变了。他们骂人的口吻，常常是用什么“黄瘟病”“灾瘟”“替代”等等的名词。

六、疍家的教育

他们的教育，干脆点说，可以谓完全破产，为什么呢？因为他们差不多完全是没有受过教育的，即便有，亦不过仅受私塾教育而已。至于受小学教育，或中学教育，那更不用提了，恐怕一百人中没有一个呢。他们唯一的目的就是发财，所以对于读书的问题，认为不大需要；况且疍民的生活多数艰难，子女年龄刚到七八岁，就要从事工作。同时因为他们的踪迹较为不定，上学受课，困难殊多。有这样的复杂的原因，政府当局，对于这一大部分市民的教育问题，应该设法让他们受相当的教育，不能随便放过的。

七、疍家的歌谣

“疍家”的歌谣，有很多种，但他们（或她们）所常唱的，都是七支八离的粤曲，如龙舟和木鱼等。疍曲的正宗，却以咸水歌为首。这种歌的形式，多数是七言四句体的。每首一章为普通，二章以上的也有，可是不多。最可注意的，是这种歌曲的每句末端，都附有一个“啰”字为助词。这种咸水歌以咏爱情的居多，所以免不了颇出于冶荡。现在就随便举出两首为例，以见一斑。

兄当着东妹着西，啰。
父母严硬唔敢来，啰。
十二精神带兄去，啰。
唔知亲兄知唔知，啰。

巴豆开花白抛抛，啰，
妹当共兄做一头，啰。
白白手腿分兄枕，啰。
口来相斟舌相交，啰。

八、疍家的婚姻

“疍家”的婚姻，大概因为他们（或她们）觉得自己在社会上地位卑微的缘故，所以没有怎样大的奢望。他们互相通婚，是用不着说的。陆上的人们以他们为下等阶级，就不屑与他们通婚，间也有例外的，如娶一个“疍家妹”做妾，他们便以为是无上的光荣。至于陆上的人们把女儿嫁给“疍家佬”，那是绝无仅有的事。不过她们与外人通婚的，是实在不少，其实只是给西洋水兵等，作为不正式的外室而已。于是在广州（或香港），便产生了不少的混血儿，而这些混血儿，却多数是强健而聪明的，广州人都称之曰“咸水妹仔”，就是指“疍家”的女子同西洋的男子混血所生的儿子。

九、疍家的妇女

他们的妇女，就是指普通的“疍家婆”与“疍家妹”而言。他们是同男子一样的操作，若是“疍家婆”的话，还要负上生育儿女的责任，同时她们的身体都是长得健美而充实。她们又是不缠足的，鞋袜对于她们（或他们）自然是不大发生关系；况且南方的气候和船中的生活，穿起了鞋袜反而觉得累赘，因此不论男女，“疍家”的双脚是自由发育，毫无拘束，好比他们的妇女能随便和外国的男子结婚，没有受旧礼教的束缚一样。所以“疍家”的十趾也是匀圆的。

此外，他们的妇女，对于操舟涉水一般的技巧，也是不弱于他们的男子啊！

十、疍家的职业

“疍家”的职业，是以渡客运货捕鱼为大宗，其次为轮船带水，烧火和小贩等。做生意的，为数甚少，虽间有业柴，也是限于船上的批发，陆上则还不多。但是最近几年来，情形就有些不同了，因为广州也蒙受了不景气的影响，所以他们的妇女，为着生活所驱使，也有不得不弄得婀娜多姿，在长堤一带，便有许多“疍家妹”辄站在岸上，兜接人客，落艇乘凉渡宿。她们的皮肉生涯，是最可悲悯的。住宿一宵，亦不过一元几角。“疍家”谋生的难，于兹可见。

余　言

以上所说，都是拉杂来谈，仅其轮廓而已。“疍家”的人数，既有如此之多，在本文的开端已经提过，以偌大的集团，而能予以完善的组织，不难成为一强有力的团体，以为国用，奈何一般人士都瞧他们不起，在前清科举时代，尤为特甚，竟把他们看作乱臣贼子，列入剃头匠、皮匠、倡优一类里。即以现在政府而论，对于“疍家”的管教，也是不甚注意的，无怪他们社会的落后呢！望有志改良“疍家”的人们，应该多多注意。原先我本打算把“疍家”的一切状况，很详细地写出，但是，因为时间的不允许和功课忙碌的缘故，所以只得待诸异日，然后再说吧。今日我只能写到这里了。

一九三四年十一月二十九日　写于北平辅仁

（《辅仁大学广东同学会半年刊》一九三四年第二卷第一期，原题《谈谈广州的疍家》）

陈　熙：

奴家没有儿郎卖，身背着包袱到街坊

讲述人生平不详。

一、我何以要说广州的娘姨们

笔者今天偶然地提起“广州的娘姨”的课题来，也许有不少的人会说我太过冒昧或荒唐了。冒昧的是：我们是所谓“文人”，对于另一种生活样式的娘姨的情形，自然是不会有明确地了解；因为没有明确地了解，其论断，当然陷于冒昧。荒唐的是：现在不少的严重问题横陈在我们的面前而尚未有暇去讨论，现在你竟然去探究那无关痛痒的娘姨问题来，其劳作自不免近于荒唐。

是的，我未始不承认我对于这种课题之探讨是近于冒昧和荒唐。不过我们不可因我们对于那问题没有明确地了解——致理论陷于冒昧——就不去探讨，而求理解；同时，我们亦不能为了那种问题是属于“蝇头小事”而不求其认识。其实正是因了我们没有了解才去探究；正是为着那是小事，我们才有讨论的可能性；并且老实说，这个课题还是社会实际问题之一哩！

我们现在知道：一般人之所以对这课题的评价过低，都是因为娘姨们是很平凡的“土鲮鱼”。不错，她们是很平凡的人。可是笔者正因她们是这样——一般人不注意——才去谈她们。

二、娘姨们从哪里来

宇宙的万事万物，都逃不出自然的或社会的因果律所支配。换句话说它在产生、发展以及死亡的过程中，都是基于或种原因而演进的。

娘姨的产生自然也不能例外——而超然于因果律之上。然而娘姨的产生的客观条件是怎样呢？请听我道来：我国的万里长城，自从给帝国主义的大炮毁坏之后，他们的商品便源源地输入，把我国向来自给自足的自然经济粉碎无遗，于是一方面直接摧残了“万民”的副业——家庭手工业——另一方面又使我们的生活资料和帝国主义的商品紧密地联系起来。因而他们的商品就一年比一年多地输进，这种商品输进的量的反面，就是我们广大农民财富的牺牲与损失！

因我国农民占全人口百分之八十以上，自然是他们损失与牺牲为大。至商人等即使有损失，但最后必转嫁于农民负担——那些大多数的农民固然日趋没落，最终，更会使他们陷于经济破产。咱们整个国家是笼罩在这个颓运的氛围内的，广东自然也是一样。且广东地属海边，与帝国主义通商比较内地为先，销售帝国主义的商品当然也是比较内地为多，其损失当然浩大。这些损失之最后的归宿，自由广东农民负担之。那么,广东的农民便一年似一年的赤贫化——这我们可由他们的土地在近几十年内急激地集中于少数人之情形观察出来（这里恕不列表明示之）——虽然每年有华侨的汇款在国际收支抵消了漏卮百分之几，但那属在“个体”，是无补于事的。

在这种场合下的广东农民群众，自然只有“大户人家改行业，小户人家卖儿郎，奴家没有儿郎卖，身背着包袱到街坊”了。广州的娘姨的来处，说到这里自然是很明白了。简言之，她们是近八十年来我国在帝国主义的经济侵略下，所产生的相对的过剩人口——就是由广州附近的番禺、南海以及顺德等县为贫困所驱使而离村的人（其他各县也有，不过因距离太远比较难到广州谋生而已）。

三、娘姨们的生活怎样

现在我们已晓得因农村经济破产，娘姨们在农村中失掉了她们的生活工具，于是不得不到邻近的乡市来找工作做。可是中国经济的命脉完全给帝国主义者把持着，民族工业很难抬头，所以这一批批的生活落伍者——无论男的或女的——跑到城市来都很难找得工作的机会。但是妇女——一部分的妇女——是有一部分所谓份内事给她干活的，那就是以自由契约的名义被在都市的人们家庭、财团，或各种组合来雇用的娘姨。

广州的娘姨，在家庭工作的占最多，其次是酒店、医院，再次是学生的赁居。她们的工资，普通每月是七八元左右。可是这两年来农村加速破产！顺德的丝业又日趋崩溃！失业的人们一年多似一年。于是找生活的人也多，因之，娘姨们工资亦在彼此竞争中而趋于低落了。现在每月仅三元的工资也就争先恐后地要做了。

她们工作的节目：就是扫地、烹饪，以及洗衣等。但是在家庭工作的娘姨的工作却是比较多几个节目。除上述几项之外，还有抱孩子，跟主人打扇、捶背以及整理早上起来后的被褥等。若直捷地说：关于家庭中所有的各种筋肉劳动由娘姨一人担任。

简单说一句，这些娘姨们是等于前个时代的奴婢一样；不过她现时有所谓自由契约，不尽如奴婢一样连肉体都卖掉，可是她们的生活是无二致的。

四、她们真的爱独身吗

一般人都说，这些娘姨们是“自梳的”。意思就是说那些娘姨是爱独身的。

这话可真吗？我来问你一问。

孟子说：“食色性也。”对于性的要求，谁没有？除非她的生理上有缺陷，除非她心理上有变态。

要是她生理上发育得完全，心理上亦不出常态之外的话，那她一定热烈要求着“满身热血加速地奔流和全体的细胞飞迸地跳跃”

的一刹那的来临，否则，她根本不是人了，也许连动物也不是了吧？

然而，事实上往往有具备以上两种条件的人们，她是没有得着那超肉感的陶醉的机会，那唯有客观的条件使她如此而已。

广州的娘姨们已是来自破落的农村中，在农村中自然很难找得一个适当的男子；大户人家的儿子，不会降格地去讨她们那些“土鲮鱼”，小户人家亦一天一天地没落下去而没有能力讨她们做老婆。

现时她们做了“婆妈”，一般人都认她们为“贱骨头”。若是你跟他们先谈婚姻问题，再后提起“婆妈”或“土鲮鱼”来，那他不是装作不闻，就是掇起嘴巴来，表示那不是我们该谈的事。也就是说那些贱相配跟我“老爷”结婚吗？

由此我们就可以知道所谓：普通的人家，他是不会要娘姨做妻子的，这样即使娘姨们想嫁人，也就没有办法。其次，找个穷点的男子来结婚呐？但这种人，连自己也难养活，跟他不是自己受苦吗？这么一来，不如不嫁，独身还好一点，反正现在自己的经济在或种意义上算是独立的。做个“自由人”不是更好吗？

她们知道自己的环境——嫁人是很难的事——于是便悲苦地说自己是独身的。局外人又怎样能够知道这个闷葫芦里装些什么药呢？

当然，如果环境容许她嫁人的话，一定是不独身的。

五、娘姨们何时才能踏上光明之路

广州的娘姨既然是在帝国主义强度的榨取下而产生，而增多的，她们的出路也就随着我们民族解放运动成功的时候方有可能，也就是说：帝国主义死亡的时候，就是她们开始踏上光明大路的时候。

（《群言》一九三五年第十二卷第一期，原题《广州的娘姨》）

亦　英：
娶小，在那里是很普遍的

讲述人为《申报月刊》记者，具体事迹不详。

在广州住了两年，觉得那里的风土人情，给我脑海里种下许多印象。这些印象，不是什么经济、政治等大事，因为这些大事，实际上用不着来谈，它们不是有目共赏便是可想而知的。故在下现在所要谈的，只是生活中拉拉杂杂的琐碎事，完全根据直觉印象所得，偶有所感而信手写来的既然是“琐话”“所感”“信手写来”，那就没有什么多大考据的必要，更谈不上什么判断。

广州的天气长热而空气潮湿。每年差不多从清明过后，到小阳春为止，温度就在八十度上下打圈子，顶热也不过在九十五度以下，顶冷站在七十度以上。一年之中，大概只有三个月是比较的冷些。

这样气候，对于那里的人，在生活预算中，衣和住似乎是不成什么大问题的。

几身短衫裤，一双木屐，男人女人们几乎可以整年穿着，即使在冬季三个月较冷的时候，再罩上一身单的也就够了。袜子好像可以不必穿，帽子除白色外，其余时候不带也行。这自然是对一般平民来说。如果要说富贵之家，那冬天穿狐皮袍子的人也有。这种人显然有些做作，我们不去谈他。

广州至今男女通行短装，裤腿始终极宽大，原因是天气长热。

住的方面也很可以简单，因为房子不必求其御寒，倒需要纳凉，所以只要四面通风毋须坚厚建筑，即薄墙、隔板都可维持下去。中下人家，随便有一两间房子，就可以安身了。

说到房子，中等人家所住所谓洋楼，又是与众不同。洋楼每一层成为一个单位，可住一家，里面分为厅、房、卫生室、厨房四种。这种洋楼，大概有三种格式：一种是厅房、卫生室、厨房一字直排，其一旁临窗，另一旁一条夹巷，通各房门口。第二种是两行并排的构造：一排乃房，并着一排厅，及有卫生设备的室等。第三种是其他房间围绕着厅的四周而分布。这种房子，名为洋楼，实际上是旅南洋华侨参合中西的一种创作。惯住上海的一大房、一后房（往往是沐浴房）、一亭子间的人，见了这种洋楼，总要深惜这一“创作”为什么不流行到上海来，免得卧室、客厅、书斋，都集于一室。“洋楼”房间数目虽多，每间是极小的，所以并不多占地方，譬如小的卧房，放下六尺大床，就正好空些“人行道”了。

“衣”“住”预算简单，生活的消耗自然集中于“吃”。广东人的好“吃”，就找到根据了。广东人真是“好”吃，蛇猫狗虱（龙虱）都吃。好“吃”并一定是吃得好。许多人多以为粤人吃得好，其实未必尽然。

每天，他们在名义上，是吃两餐正饭，上午十时及下午五时。可是早上起来“饮茶”，中午饮茶，下午也可以饮茶，晚上吃消夜：一天总共可以吃六次。所谓“饮茶”，是茶以外兼以各种点心、面食、炒饭等相伴而吃的。

说到饮茶，有两种宗派根本不同的饮法：

一种是用旧式有盖茶碗冲上茶叶，另用茶盅倾盛茶汁饮去，而滚水时时添入茶碗里。这茶碗是替代茶壶的。另一种是潮州饮法。茶叶泡在茶壶里极浓，倾在像小酒杯一般的小茶杯里细品。在潮州式的茶楼酒馆里，茶役每隔十几分钟，即手端一盘，上面摆着依人数多寡的小杯茶，躬身到顾客前面请饮。饮茶的人，就各自端起一杯，先用鼻子在杯上摇着圆圈形闻其香味，然后喝一口，用唇舌舐吮作声，细尝其味，这样一口口喝去到完为止，将杯还盘上，由茶役端回。

记者初次到潮安，并不知道这种规矩，见了茶一口一口地喝去时，同座竟都说我从何知道这潮州茶的饮法，为什么饮得态度老到之至？后来我知道了实情，不禁自己暗笑得腹痛。原来当我把小杯子拿上手时，觉得烫得厉害（杯极薄），不得已嘘气将口凑在杯上摇着圈子吹了几下。这何尝是闻进香味，倒是吹出凉气。后来喝入一口，觉得苦得厉害，不由得“啧”“啧”几声，哪里尝得什么甜味？惭愧惭愧。

广东人介绍食物，左右总不断口地说“补”，这也补，那也补。其实，广东菜特别表示中国的特性，作料既多，煎炒又甚，食物多是外熟内生。不过食物中最多的水里生物，富含磷碘这类元素，说到补，就该补肾补腺而已。

“补”不一定就是“卫生”。譬如人们在说广东人爱吃新鲜东西，这“新鲜”意思却是“生”。广东人喜欢吃生东西（上述“补”的理由），所以新鲜的水果,就叫作“生果”。在广东吃“新鲜”也是不得不然的。天气热,食料又多是些水里生物,很容易腐化。一天有早晡两市买菜，就是这个缘故。

广东雨水极多，春夏冬三季时常下雨，而且下起来总是突如其来的。因此，沿马路的房子造法，也会与众不同，将取“骑楼”的形式。所谓“骑楼”，就是房子的最下一层缩进几尺，留出走廊，供作人行道。

这块“走廊人行道”（记者按：这是我自行创造的新名词）的处理方法，有很有趣味的习惯。既曰走廊，当然是屋主人的私地；又充作人行道，需要市政上的管理。大凡建造房子的人，置买地皮的时候，这块地自然得买。因为二层楼以上，房子都是连着这块走廊地带做根基来盖造的。房子盖好之后，市政方面就不得不实行管理，走廊既是人行道，照例划归马路范围。划作公地。可是二层楼以上却盖了房子，结果，屋主人免不得再出钱购买这片公地的二层楼以上的使用权。

这些“走廊人行道”却是大有作用，惠福市民无穷，广州多雨，走廊人行道，就是最适当的避雨所，否则“单衣被身”的人，就很容易被雨打成落汤鸡了。

说到这里，恐怕有人会耐不住地要问那广东最有名的男女问题，老广州对于这件事，并不以为可怪。

娶小,在那里是很普遍的。显贵人家娶小,无可“訾议”。智识者、中户人家、劳苦者娶小，倒是别有用意。经济学者看到，一定可以一目了然。“人”在经济学名词上叫作“劳动力”,个中秘密尽在其中。农户人家娶了小，则男的下田种菜，娘儿们就可以担菜到市上去叫卖。做工人家多了几位女娘，就多几个赚钱人；一家多了一位姨奶，就可少用一个“婆妈”(广东人叫女佣的称呼)。“婆妈”要舞弊，姨奶是自家人，当然尽心竭力帮夫。

记者曾经住过一所院房，邻家主人是德国留学生什么博士，在某大学当正教授。家里有一大两小，家事一概用不着人家代劳。教授课毕回家正好三加一配搭子打牌不多不少，女儿们就跟着伺候茶水饭食。

教育界中某一位高级人员，在家乡有许多田产没有人管理。夫人不愿意回乡，将田产变卖实在太可惜，于是乎夫人就大开方便之门，叫在乡家族人员，代老爷说了一位新姨奶。可是一则夫人怕老爷真的喜新忘旧，不叫老爷去成亲；二则老爷为教务上高位的声名有关，不敢下乡去行婚礼，公然承认这件事情。结果，就差内弟到内地去代拜天地，叫她婚后守家治产。这真是夫人妙计安天下，赢了姨奶又保产。

一个家主公，多娶几位大小(因为广东有所谓“平妻”制度，几位平妻算是几位“大”的),自然儿女成行。从前(现在不行了——

是不景气之过）的办法是，儿子长大叫他们学英语，习一种技能，如开汽车、修机器等等。到了相当年龄，就预备一批旅费，送他们到南洋去。如果一位主公有十个八个儿子，放入南洋，总不至于一个也不成器的。成了一个器，发财回来，父亲不是成了老封翁老太爷了吗？经济学者一定要强加这种办法一个经济学术名，叫作“投资”。

儿女既是如此有作用。所以“养子”“养女”的风气极浓：自己若生不出,就用“买”等方法“养”些儿女。上海话称生育为“养”，粤人却未必承认的。

可是，广州有许多地方，出产著名特产，专需要女子做工。譬如顺德的丝业，全是女子做工，她们经济能独立了，自然有许多是不愿意嫁人的。关于顺德的妇女生活,本刊今年七月特大号中的《妇女生活》特辑里，已经说过，这里可以无庸再述。

粤人做工，其缓慢程度真是和该地气候的热度，一样的不容易过去。

如果你要造房子，将房屋包与建筑“公司”，看了图样，你就可慢慢地等着观看奇迹。

首先是一位工头和一位工程师带着几个工人，按着图样，四周插上四根界木，即便乘汽车回家。于是，再来了些建筑工人，做工很快的。在四围筑起稀稀的篱笆或铁丝网墙。跟着，他们就在适当的地方，用竹竿搭起一所二层楼房架，在二层楼的四周和上面盖上芦草编的像蓑衣那样编法的方“席”以避风雨日月。楼下空着有两便的用处：一则作临时避雨所谈天处或食堂，二则雨大水溢人可以在二层楼高枕无忧。

盖好了这主房，再盖厨房、厕所，方法完全相同。这时，又得来一阵忙乱，按图样在预先计划的地方，急急地开了井，好提取饮水洗水。

于是乎全体工作人员，都搬来居住。时常，如果房子的地皮略大些，不妨多搭几架小屋，就索性连老婆儿女都带着一起来，过活度日。他们做工的速度,也是照例经过“谈”“饮”“食”的种种阶段。而且雨天和假日照例不做工。

这种房子,本来并不难造。房子不大,而广州地上是“沙土”性，没有什么打桩功夫，只要在地上挖几条沟，将水泥一填，就可以作房屋的基础了。

小小的一座房子，如果在上海，也许由于特别包工，催促加紧，在两星期内可以完成，在广州大概需时不多，约一年工夫就差不多了。

说的话也多了，这都是些记者拉杂的直感印象。“印象”不过是“印象”，“谈”笑也不过是“谈”笑，故这篇东西，也不过是谈天的数据而已。

（《申报月刊》一九三五年第四卷第九期，原题《羊城琐话》）

戆叟：
紫洞艇最为价值之日，为夏历端午节

戆叟（约清咸同年间生），广州人，从商于两广、香港、厦门、台湾，后定居平津，为媒体记者。

杯酒联欢，社会酬酢在所不免，矧十里洋场，此风更盛。然征花侑酒，酬酢之中，仍具娱乐性质，乃迭次翻台，只求为主人之阔绰，未暇计做客之奔波。在记者系局外人，本无资格月旦，唯个人思想，似此举无非受人主动，表示豪华，实不足以娱嘉客，未审当局诸公以为然否。

记者曩日在交际场中，不独视征花侑酒，固求居处物质文明，宾主得有自由乐趣，就使视吉凶两事款客，虽稍有体面之家，秩序礼仪，极多考究。然于款待之间，务求宾客安适，俾不至以庆吊为畏途，惮于酬酢（此节叙述略紧，下期摘录）。至在珠江紫洞艇设筵宴客，未必尽如人意，然以吾人目光所至，除家擅园林别墅之胜，嘉肴美酒素具者不计外，佥觉酬酢娱乐，两得其宜。想读鄙录诸君，曾身历其境者，定不乏人，或不至所言过谬。

计珠江紫洞艇有大中小三等之分。大艇有九艘，如流觞舫、枝香舫、风月满长江舫、澄花舫、一叶舟等。曩日在珠江稍涉足酬酢者，类多得识其名。他如中小艇，大约总逾两三百之数。其丛泊处附近谷埠（鸦片战前为沽售谷米艇聚处，当时已为珠娘藏娇艇所停泊，迨筑长堤，珠娘迁往东堤陆居，紫洞艇亦从之他徙矣）。艇之布置格局，由艇首直入先达会客处，两旁排列公座椅八、茶几四，中间圆桌一，傍伴以四凳；再进为谈话处，两旁分列两人对坐之书案桌、大椅及罗汉榻等；更进则大罗榻对峙，为特别谈话及私人娱乐处；最后为聚餐处，处后有小憩息室、床帐幕等均具。聚餐处圆桌环列可坐十三十四客以外，粤俗习惯，若征花侑酒，入席时各花除有要故外，必须汇集侍候出鱼翅时敬客人酒。斯时客与珠娘等虽聚二三十之众，该处均能容纳有余。艇之两傍除挂照身大镜外，则用玻璃窗牖代壁，空气充足。各处用博古式嵌刊字画之玻璃片落地罩分隔。夏日在艇头之处，分列睡椅茶几纳凉，更得饱吸珠江新鲜空气。艇之家具，均多用紫檀嵌螺钿，帘幕则绣五色丝绸，富丽堂皇，堪称雅俗共赏。侍者环立，以目听，以眉语。茶杯则随客座位转移，不离左右。俗谚有谓茶杯有脚，是即指此。肴馔茶点，比之市上酒楼所制，以精巧美观胜。款式极多，颇堪可口。即使一连宴客数日，或朝夕两膳，均能食谱翻新，极快朵颐。且由本艇厨娘自制，不事外求，随时立办。更有特点足为纪述者，则善于烹调海鲜。传闻遐迩，记者今日录之，尚觉垂口角也。

紫洞艇停泊面对珠江南岸，当夏日夕阳西逝之际，凉风袭人，江水清漪，微寒侵体，须御夹衣。故老于珠江交际之阔绰客，夏季夹衣以生纱缝制，初秋夹衣以熟纱为料，显分时令，至有八季衣服之分。更有往来江面自备之三扒艇（当时未有小电船，艇仿小轮船式，有客舱稳快简洁，用三扒桨，故曰三扒），携同茶叶、茶杯、碗箸、面盆、毛巾、水烟筒、衣包等随带赴席，极其自由。主人则令厨娘先备晚膳于六点钟左右时款客，以免枵腹。入夕笙歌盈耳，灯烛辉煌，恍如仙境。至九点或十点钟始行正式入席。无论征花与否，在紫洞艇宴客，此种习惯居多数，缘在紫洞艇宴客，不独只求酬酢，对酒当歌，人生几何，酬酢中仍求娱宾之乐也。

紫洞艇所惬社会人心理者，因随处可令其挪移停泊，倘家室近水次者，则无异多一船厅，留客饮食起居均便。且我粤人稠烟户多之市镇，以交通近江者为伙，迎神赛会演戏，紫洞艇赴会者麇集，无用另求旅社。又内河风恬水静，在艇几如居陆，艇在江上行驶，用人力在艇外两傍人行道摇橹，虽觉厌其行程迟慢，倘用小轮船拖带，更属稳快无往不宜。大紫洞艇亦可用小轮船拖带，然用作游船他往者无多，缘往来停泊不若小艇之便也。

紫洞艇最有价值之日，为夏历端午节。该日雇价比之寻常日几及倍蓰。其余则夏历元旦至十五日为游花埭时期。夏历七月中元后为水上超幽放水陆（下期详叙）及中秋节时期，其雇价虽比寻常日稍昂，然比之端午节日差远矣。工界是日均休息，商店午后闭门，均谓往看龙船，几至万人空巷，人众挤拥江滨。大紫洞艇必须预先雇定，以免捷足者先登，缘交际家以该日名为看龙船宴客，即使无

紫洞艇　摄于 1920 年代

大艇雇，亦须有中艇，方不至失其平日声誉。莺俦燕侣，午后聚集，极其欢娱之乐。间有数艘大艇以新鲜花在艇头高扎牌坊，争艳斗巧，寻常疏于酬酢者，亦往往震于看龙船名目，雇紫洞艇奉高堂携眷属或邀客作尽日之欢，多于预先定艇；临时所雇者，俗谓卖剩蔗即沪所谓蹩脚艇，习俗如此。其实借看龙船为名，借佳节之余闲，以欣赏水面风光而已。

所谓龙船亦非争赛快慢，实无足观。到日只有龙船三数艘，各自鼓桨回旋江上。间有俱乐部近水次者，先一日高树赤帜，中嵌“珠海争先鼓浪来”句。龙船得知先后而至，在水次回旋后，由俱乐部赠每艘龙船同人酒一坛、鹅一只、赤布标一枝，名为犒龙船赏标。当龙船回旋之际，唯闻龙船锣鼓声、音乐声、燃炮竹声、小轮船汽笛声、缉捕船之向空燃大炮声，纷至沓来，无非为龙船而设。大紫洞艇仍停泊原处，中小紫洞艇随处停泊，小轮船及渡客小艇与各式运载艇往来如梭。艇娘均着新拷绸衫裤，似表示庆贺佳节。计一日之费，亦属不赀，无非奢侈之用。然默忖当日情形，似觉楚弓楚得，尚不至漏卮过甚，阅者诸君以为如何？

紫洞艇之为我粤人所见重者，每见人家园囿广厦，每有建一厅在内名曰船厅，均仿紫洞艇格局布置。又闻侨胞在海外谈天，竟有谓返国必须到珠江盘桓欣赏紫洞艇，以慰幼离乡井之句。记者尚忆及当时香港某巨商在珠江购置紫洞艇一艘，即以伊个人之名命作舫名，书额于艇头，公余之暇，由香港奉其两位高堂回粤娱乐，在艇流连数天。余由他人雇佣，以免旷废毁坏。其两位高堂久客南洋而荣旋故里者，且年均逾花甲以外，养志娱乐保守，三者并行，令人艳羡，可称之为富贵而归故里，或不至于名失其实耳。

当逊清光绪中叶之间，在谷埠藏娇停泊丛中，尚有名瘦谷艇等数艘，仿楼船式，以楼上布置若紫洞艇格局，作宴客酒厅用，楼下仍为藏娇处，然非征花侑酒客鲜有到此，以其深入重地之故。自珠娘迁东堤陆居，紫洞艇他徙，记者亦谋食他方，就使遄返里门，逗留已为日无多，加以公私鹿栗，酬酢固之多疏，紫洞艇更未涉足，见闻已陋，无可讳言。唯此稿缮成适被友人检阅，据谓民国以来，紫洞艇已大加改良，富丽堂皇，肴馔丰美，实非畴昔可能企及万一。记者上述各节，系逊清光绪初中等年，曾亲目睹，自笑眼光如豆，不值识者一哂也。

（《粤风》一九三五年第一卷第三期，原题《珠江回忆录·紫洞艇》）

漂　客：
妓女多数为疍户，以住家艇为藏春所

讲述人生平不详。

记载广东娼妓之旧籍,要算《珠江花史》《擘红余话》为最详细，本篇史实不过根据上述两书摘录要点，加之道听途说而成。

岭南烟花，非常繁盛，清初，羊城青楼多设于南濠，即现在之南濠街，相传南园五子雅集，多在于此。其次为小东营，即小东门，清初有名之诗妓红豆即居此，乾嘉时为缪莲仙赏识之沈秀英，亦在小东别墅。次等娼妓则聚居沙面,即鬼巷。妓女以板筑屋,与第寮等，故曰寮。沙面有“帆影阁”，为当时诸妓宴饮之地，颇为热闹。咸丰六年火灾，水面妓寮及帆影阁皆毁于火。南海令华樵云廷杰不准恢复，娼妓乃由陆而迁居水上，蚁集于鬼棚尾。

又羊城流娼，有大小扬帮之分；妓从扬州来，故称扬帮。大扬帮故址在河南福仁里河旁。其后来者日多，亦由陆居变为水居，号小扬帮。小扬帮后又变为南词妹，美其名曰卖歌不卖身，实则多予金钱，移至别馆，无不如意。所居多在大巷口。

珠江花舫，乾隆以后即趋繁荣。至太平军一役，英兵入省城，大小扬帮尽消灭，而冶游者咸杂于海珠。当时海珠之情景，真有如图画，求之今日，绝难再见。吴树珠《擘红余话》云："珠江襟带羊城，中央海珠石，随波上下势欲浮去。其间帆樯如林，春雀跃黄龙之舫，集于洲渚。别有花艇藏娇，靓妆炫服，照临波镜，乃水上平康里也。每当夜静月明，皓腕当窗，绛树之清歌竞奏，丝珠之玉笛横飞，虽竹西歌吹，何以加诸。"其情状大抵如此。至道光年间，珠江花舫环海珠自成一家，分作数处：一曰"谷埠"，二曰"迎珠街"，三曰"合昌"，四曰"水鬼凼"（即华贵潭，以字音相同，粤人讹传水鬼凼）。妓女多数为疍户，以住家艇为藏春所。就中以谷埠为上乘，以花舫为妓女居所，各有房舱，名曰鸽笼。花舫陈设华丽，一入其中，几不知浮家泛宅。大小不下三百余艘，内有上中下三档之分。下档最佳，上档次之，中档曰"姻缘艇"，妓女与客过夜，即以此艇作场合，故名。

谷埠花事之盛，为时最久，自咸丰同治直至光绪年间其繁盛如故。一九四一年广东总督兴筑长堤，下令所有谷埠、迎珠、合昌、水鬼凼各处大小花艇，悉移于海珠下游，贴近大沙头，从此谷埠花事衰落，大沙头代之而兴矣。一九四四年冬广州《天趣报》开花榜，醵金为会，以积分考，分色艺两榜，色榜冠军曰莲娘，艺榜冠军曰小金，有白玉梅者，年华二九，色艺兼全，夺色艺两榜之冠。珠江之有花榜，实自此始。

一九四五年七月，飓风成灾，白浪滔天，大沙头首当其冲，花舫被毁坏者泰半，各妓始寄籍于陈塘。几经恢复，大沙头花舫之繁盛渐复旧观。然宣统元年五月，因花舫财记艇拜神不慎失火，瞬忽蔓延邻舟，风因火势，大小艇数百，一炬成灰，幸免者十不一二，此即为广州历史上有名之大沙头火灾。而经此一役，谷埠花艇从此不复见，水上娼妓之零落，亦从此日甚一日。

代谷埠而兴起者为陈塘、东堤两处。陈塘之兴，始于光绪年间，分大巷口、新填地、陈塘南、隆吉里四处。新填地、陈塘南，相隔一涌，妓女往来以小舟渡之。内中大寨约有五七间，缠头钱大局一两，酒局五钱，以视谷埠、迎珠仅得半数。陈塘冶客，大都商界中人，自光绪甲辰，岭南第一楼等伟大酒楼崛起后，各妓酒局加价一元，与谷埠等。戊申风灾起，大沙头诸妓悉徙陈塘，人满为忧，龟公龟婆遂添筑楼宇，大兴土木。是时有大寨三十五间，大小娼妓凡两千余人，是为陈塘全盛时代。后来虽有宣统庚戌之大火，仍不减其盛况。辛亥之役，东堤驻民军，陈塘烟花如故。未几陈炯明下令禁娼，陈塘荒废者几两年。又未几龙济光入粤，娼妓复聚，然繁华景象，大不如前矣。

东堤创始于宣统庚戌年间，广州长堤筑成，李世桂乃与资本家及龟公等合资，于东濠桥外建洋楼两座，高四层，平排十六间；又于桥脚建戏台，名曰“广舞台”；台后余地辟为马路，设商铺，又建园曰“东园”。乃定移娼之策，悉将城内妓院如“金花巷”“清源里”等名寨，徙于东堤后沙面地，水上大沙头妓艇，亦劝令陆居，以新建洋楼作勾栏酒肆。其时东堤妓院十二所，连南词班天香、倚翠两院共十四院，妓女千余，庚辛二载最盛，与陈塘成东西对抗之局。但近年以来，花事零落，不复当年盛况矣。虽然城西宝华路十五甫正街一带尚有妓院，但寥落如晨星，且难觅佳丽，偶涉足其间，亦徒增今昔之感而已。

（《新生》一九四五年创刊号，原题《广州娼妓史话》）

文　山：

广州有三多：闲人多，饮食店多，私娼多

讲述人生平不详。

广州有三多：闲人多，饮食店多，私娼多。要研究娼妓问题，这里确是很适宜的地方。但本市现行禁娼，许多统计数字都不能从官方得到，这是困难的一点。本文的材料是从实地调查得来的，目的只在报道事实以供读者参考，绝无他意，特此声明。

广州的私娼，一如市面流通的钞票，随着经济困难的加重而日增。自最近各县潦水为患，七月涨风吹过后，又平添一大批新的流莺上市。据估计，目前专业和兼营的妓女人数至少有八万人，占本市人口的十七分之一强。全市直接间接靠她们吃饭的人不下十五万人，约等于有职业的人总数的五分之一。如果禁令真个彻底执行，则在一百三十万市民中，将有六分之一的人要再束紧一下腰带。如果私娼根禁绝了，将有过半数旅店要倒闭，将使路尸每天增加四五具。问题的严重，由此可见。

通常一个妓女，除养活她的家人外，还要津贴几个有关的人——自扯皮条的人以至有权逮捕她们者，就在这种有饭大家吃的主义下，凭着本市特殊的人事制度，她们才能零碎地出卖肉体。现在她们已差不多可以公开营业了，她们摆卖的方式已由街头巷尾打游击式进而在立寮设寨地固定经营了。同时她们的地盘也大大扩展了，水上的已由东堤、长堤一直伸展至黄沙、西郊；陆上的亦由南沿河各繁荣街道陆续向北发展，由西向东推移，由人烟稠密的地方深入至偏僻的郊野，由水上、陆上而蔓延至山脚下。

这是她们的喜讯，也是她们的悲哀。

本市妓女向有头、二、三等之分，其中又可别为自己与事头婆（指鸨母）身，前者有营业自主权，后者所得度夜资概须交回鸨母。头等的妓女多由舞女、茶花等兼营，二、三等的大部属专业，是由鸨母斥资买来的摇钱树。她们的身价，八九岁者约值五六百万，十三四岁者约值黄金二三两。此外，若漂亮、伶俐，且受过相当教育者可值七八两。此外也有些徐娘半老，因生活无着而入行者，但人老珠黄已不为时尚，统属低等者流。她们的入息，头等者每次投资额可获三四十万元，除却种种开销外，纯利约七八万元，她们既非专业，这数目也的确可以。不过当别种工作已弄得筋疲力尽后，更阑人静还要“出差”，这苦处也实在不少。头等妓女所接者多熟客，是灌饱迷汤后才偕往旅店开房的，所以常可多索些缠头。二、三等者接客的方式与此不同，她们多有固定的阵地，或居陆上或居河中，接客时以钟点计值，称为“坐钟”，其连坐一晚者称“过夜”或“坐天光钟”，时值每“钟”（一小时）约自两万至四五万元，每“夜”（不论何时始均至黎明止）约自八九万至二十万元。低等者的接客又有不同，她们的身份太低了，竟至有时随客游玩，任人给值，这是名副其实的“野鸡”。

陆上妓女多散布各旅店中，全市几百家旅店几乎无处没她们的足迹，其大者窠藏多至百数十人，置身其间如入众香国。她们数人贷居一房，昼伏夜动；或则冒充店役，穿插各楼房，随时营业。另一部分则作巢于繁盛街道的横巷中，每晚出街兜接生意。前者的身份略高，所得夜度资须与店役作三七或四六分，另按期缴纳足额的费用与区内之有权者，月约数万元；后者身份次一等，除本行应缴之“免捕费”外，还要抽出一二成献给街头的“保护人”。她们的入息，这样的七折八扣后，两者所余，相差不远，大约月只六七十万元，淡月还不足此数。据查，目前经营妓业之旅店已遍于全市，而以太平南路、西濠口、长堤等街道为盛。矗立新填地上之某大酒店，十楼以上尽成贵族的人肉市场。至于秘密的窑子更为普遍，自海珠路、维新路、大南路、惠福路、大德路……以至观音山脚下都有。雨后春笋，尤称蓬勃！

水上妓女据艇作阵，广东著名的艇妓便是这些阿姑。她们的活动场所遍及东堤南堤等河面，此外黄沙荔湾等地也有一小部分。此等多属两栖动物（生长于水上的疍家女很少干这行），每当华灯初上即跋涉下艇接客，一至太阳出来便又拖着疲倦的身躯返家。作为交易所之船艇，大者可容五六人，小者一二人，分布河上，纵横排列，

荔枝湾蝗尾小艇　摄于 1930 年代

成大马路、二马路、三马路等之水市。妓女们端坐艇头，游人一过即跃起招呼，“喂，叫姑娘呀”之声纷起。另有一些专接陆上游人的则冲至岸上，沿堤招摇，著名的东堤之夜被她们点缀得生色不少。她们的入息，介于陆上二、三等妓女之间，平均每晚净入一两万元。

在全市八万多个私娼中，大约有十分之一是兼营，十分之八九是专业的。职业的妓女，照年龄分：十六岁以下者占百分之七，十六岁至二十五岁者占百分之七十五，二十六岁至三十五岁者占百分分之十五，三十五岁以上者占百分之三。若就教育程度论，其中百分之九十五都是文盲，只有一些高贵的房选（编按：当为妓）才略认得几个字。她们的出身多为从小卖身的乡间小姑娘。不倒毙千万种磨折之下已算幸运，哪里还谈到教育？但在高贵的房妓阵营中，也有很杰出的，有些甚至受过中等的教育。据好冶游的朋友说，在长堤几家大酒店和荔湾某娱乐场中，竟然有许多中学生在“候差”。她们每于春风耳语、喁喁情话中大掉书囊，往往谈起原子、雷达、xyz来，直令人惊异不止。至于兼营或半途出家的阿姑，除前举的舞女、茶花外，次等者多为失业的工厂女工和各行商的职工，此外还有卖香烟的小贩、卖私货的姑娘、阿妈没钱的闺女等等，她们多因生活失去保障或所业不足糊口乃至铤而走险，操此丑业。

妓女生活不用说是很凄苦的，尤其在禁令如山、淡风四袭的广州她们更苦上加苦。为欢乐而卖俏的朝代已成过去了，现在这一批都是在生存竞争下被牺牲了的可怜虫。她们为要苟延残喘，便不得不忍受一切苦难：打骂由人，拘禁由人；为要跟物价赛走，更不得不争妍斗艳，竭智尽能，向人们贡献一切。她们的谋生工具是健康的身体，她们的资本是青春，等得花残月缺、资本消磨殆尽的时候，她们的身价，便一路低跌，直至踯躅街头，混迹难民队里去找寻她们的归宿地。

一般来说，兼营的妓女虽不专赖此业过活，但如失去这条路时，她们的生活将受绝大的威胁。舞女、茶花虽较自由，但因职业关系，如左右使用压力时，也不得不含泪应酬，满足客人的要求。至于事头婆身的，那更不用说了，旺的日子，整晚迎送，固然是苦，若遇淡日，坐以待旦，返家又挨一顿皮鞭，其苦更不堪言。从外表看，她们打扮得花枝招展，活泼天真，但皮里却包着一颗万千创痕的心。她们每天虽有一叠叠花花绿绿的钞票过手，但要给这个给那里，结果所余的仅够买几斤白菜，返家拌着油盐粗糙米。费用不足时，上头大举扫荡，便弄得鸭飞狗走、烟消云散。万一不幸落网，轻则拘禁数天，重则猛尝铁窗滋味，在伸手不见五指的牢狱里任人蹂躏。为着生存，出狱后还要干、干、干，一直干到满身痼疾、凋萎将谢时才背上仅存的烂棉被，缓步走向方便医院。

妓女生活的本质是苦的，在当前的广州更苦上加苦。

十月三日晚稿

（《妇女月刊》一九四八年第六卷第六期，原题《广州的私娼》）

第四编 中华之光

杰　夫：
黄花岗侠骨英魂，令人羡慕敬仰

讲述人生平不详。

人类非为生活而做工，乃是为做工而生活，所以创造是人类的使命，做工是人类的职分。不劳动而生活的人，便是忘了做人的条件,而否认自己的人格。然而做工的结果,只是使人入于疲劳之境域，要是疲劳对于做工不发影响，也就罢了。可是心理上生理上不容许疲劳之后再做工作，所以要想一种方法来调和。一方面可以开拓心胸排除疲劳，一方面可以引起未来做工的兴趣，要算是游览名胜了。耸翠的山、碧绿的水、蓊郁的林木、灿烂的花草、格磔的鸟语、琮琤的泉声，还有雄敞华丽的建筑、精美的雕刻，色色形形，炫吾视听。或者再加之皎洁的月、和煦的风，有情感的人们欣赏着，真是疲劳排却乐而忘返呢。

几年来，为着服务社会，悬心吊胆地忙着，没有空儿到各处名胜游玩，算是一桩恨事。今年二月的时候，我的朋友逸冰约我游罗浮山，于是兴高采烈地预备。不消说我们心理一种满足和希望之感，是很愉快的。怎知归广州后，知道东江强盗很多。唉！好事多磨，风声鹤唳，竟阻碍我们心愿的计划。游罗浮山之梦，只得暂时牺牲了。心意不遂，免不了不快之感。消磨这无聊时光，只好从逸冰之议，到第一公园玩玩。何期闷坐之间，逸冰忽发言，明天往游黄花岗，我心中的高兴如何呢！日已昏暮，颓唐的精神，为之一振。

翌日（二月二日），风和气清，夜雨新霁。逸冰来吾家，先到镜光照相馆摄影，随由惠爱路出大东路。数年来，广州拆卸城垣，开辟马路，四通八达，交通便利，比较从前街道狭隘、行人拥挤，真有天渊之别。经省议会前，转东行之马路，阔有八十尺，修筑很好。此路直通燕塘，长有十余里，筑成已十余年。附近乡人，来广州的，或乘车，或跑路，都觉非常便利。因为马路未筑的时候，往来的人，穿林越岭，巉岩倾斜，砂石凌乱，辛苦不堪。我们因此就晓得修治道路，是中国现在第一桩最重要的事工。倘若全国各省县和商埠市乡，都像广州的积极拆城筑路，我相信中国的前途，定有伟大的希望。否则，死守几千年来的羊肠鸟道，老死不相往来，工商、实业、文化、教育，都不能发展普遍，知识种族又不能融洽调剂，怎能处在这个龙争虎斗的世界呢？天然淘汰，是意中事啊。

我们随行随谈，两旁的树木，山花野草，因风微动，很像表示美满欢迎的意思，触目都觉快乐。是过去的回忆，是将来的希望，自命是泼泼有生趣的。比较其他行人，除了吃烟之外，便是垂头丧气，或是弄姿作态，我们之乐，真可以傲睨一世了。

红花岗四烈士墓

经过红花岗侧，吾们上去参览。有烈士石坟四个，是温生财、陈敬岳、林冠慈，还有一个忘记了是谁。瞻仰一回，就往前行，便是农林试验场，面积数百亩，规模很大，里头所植树木花草，非常繁茂，都是从世界各国采集而来的。民国八年至十年，护法政府就借着这场做行政的机关。细想数年来，南北政局，变幻莫测，经过场前，真有“风景依然，举目有山河之异”的悲感。再行二十分钟，转左方马路，便有一碑“黄花岗由此路进”几个字写着，还有士敏土筑的牌楼一座。路是新筑的，有六十尺阔，两旁杂花绿草，被风儿吹着，有欣欣向荣的景象。

原来黄花岗是乱葬坟山，现在七十二烈士，就是辛亥那年三月二十九之役革命殉难的志士。当时他们知道消息泄漏，必定失败，有一部分党人，主尽退驻香港、澳门，再图后举。其中有几位慷慨激昂地说道：“我们做革命的人，不是希望成功而取得富贵荣华的，只愿望做失败的人，来激励全国同胞的觉悟。试看历史上成功的大事业，哪一件不是失败人的心力脑力和他的宝血化合制造而成？而且几次革命，流血牺牲的，大半是军士和血气之人。没有学者肯去牺牲，怎能激动知识阶级的同情呢？”于是大家举手赞成，颓唐之气，抛之九霄。结队往攻督署，枕藉死者大半，余皆被执，从容就义。孙中山说得好：“是役也，集各省革命党之精英，与彼虏为最后之一搏，事虽不成，而黄花岗七十二烈士，轰轰烈烈之概，已震动全球，而国内革命之时势，实以造成矣。”（见《建国方略》）翌日，尸陈路上，无敢殓者。后党人潘达微（现任广东孤儿院院长），于风声鹤唳、危疑震撼之际，把他们的尸首合葬于黄花岗。于是“黄花岗七十二烈士”之称，焜耀于世界，做中华民国开国史的一个很光荣的大纪念。

我们看见满冈松楸苍翠，碧草如茵，黄花绿柳，山荆野藤，杂生其间，还有奇花异草，遍植冈上。置身其中，尤胜于游览第一公园。向前行，是山路，一路渐渐地登高。路旁矗立的石碑数十方，有白的，有黑的，有长方形的，有顶圆下方的。有一块黑色的碑，是我的朋友刘大同、李栖云、景定成、田达人等所立的。读了一遍，感慨苍凉之下，倏听芦笛悠扬，抚今追昔，不禁声咽欲绝。还有古炮十余尊，排列两旁，杀人利器，日有进步，此受天然淘汰者，思之惘然。行十余步，有树二株，外围以石栏。一面写着“参议院长林森立”，一面写着“众议院长吴景濂立”，并有两个大宣炉，一个粉石质的，一个铜质的，安置得很适宜。正中是一大墓，白石构造，作长方形，用铁栏围着。上有石亭一座，那种光泽美丽的素质，刻着种种花纹，可算是精工，足以流芳百世了。亭中竖着一碑，写着“七十二烈士之墓”。墓后有一纪功坊，也是白石所建，横写着“缔造中华民国七十二烈士纪功坊”，是章太炎所篆的，笔势雄浑苍劲。对此清幽庄严之境，使人顿起神秘之感。再后为一座大石亭，建筑很精美，前面横刻着孙中山写的“浩气长存”四个大字。亭里有梯可上，亭面陈列长方形石枕无数，都刻有海外国民党机关名字，每一块石，写一个团体名，中英合璧，层叠而上，总有百余块。亭顶矗立一个自由神，登高一望，青山含笑地迎我，细竹点着头招我，小鸟唱快乐之歌慰我。低头望着那喷水池，好像星飘珠溅，那时候我们只有洒然出尘、乐不思归的心境。

亭旁另有一幢洋房，招待游客的休息。建筑虽不十二分宏敞，但排设颇美，中有石制几桌，雅有奇趣。可以叙会，可以休息。守山的人，则在后方居住。洋屋左方，又有葵棚一大座，有工人数十，正在那里经之营之。

原来黄花岗的修筑，民国元年，胡汉民、陈炯明相继做都督时，议就于合葬处，从事整饬。省议会通过经费十万元。二年乱作不果。七年秋间，滇军师长方声涛发起修葺，规模粗具，因事停工。后来参议院长林森继续劝募修筑，计划很大，故开工已有四年，工程还未完毕。

转右方，有烈士姓名籍贯碑。闻当时潘君能辨其尸身之为谁者，只得五十六人，内分广东三十六人，福建十人，广西六人，四川三人，安徽一人，还有十六个是无名英雄，湮没不彰，很觉可惜。前行几步，逸冰读那邹鲁所做的碑记："夫马革裹尸，党人之志，埋骨已非所期，遑论留名。今之为此，以为后人流连凭吊之资，与死事者固无与也……"我深佩革命党的精神，是在做人类不知名的牺牲者，传与不传，死事者当时何暇及此？然我们知道中华民国的五色旗，实由碧血黄花所染成的。今日国内四分八裂，国旗黯然无光，瞻拜之余，哪得不又是一番感触？

对前有去年全国教育会联合会在广州开会时所立的碑和所种的树。我们再行左方参观，馒头式的小丘陵，骈列无数，就是七十二烈士的分坟。旁边还有许多民国元年民军起义和北伐靖国护法几役

黄花岗七十二烈士陵墓　摄于 1920 年代

阵亡将士的墓，更有中国创始飞行大家冯如的墓。我们到了此地，见着黄绿草里的累累烈士坟，真有“万方多难此登临”的感慨。想着民国成立十一年来，无时不在风雨飘摇之中，摧残共和的民贼，丧尽天良的卖国贼，又层出不穷，还有复辟党、帝制党，蠢蠢欲动。然而忽而主张民主，忽而赞成帝制，结党营私，卖身求荣的拆白党式的政客，又不知几许。想真正达到国利民福的地步，唯有彻底革新，把根本上的罪孽完全铲除了，真正共和乃能实现。否则蛮触之酷虐，民有穷期耶。逸冰顺口说道：“烈士长已矣，护法又如何。”当作吊烈士的挽联，我闻着，就念出八年时所做的挽联：“舍碧血以换共和，轻身命，掷头颅，痛公等慷慨捐生，惨向城边埋侠骨；睹黄花而思前烈，备心仪，申顶礼，愧吾侪苟安未死，空来冈上吊英魂。”念毕，逸冰说：“今天我们也是‘空来冈上吊英魂’哩。”我劝他不可多说伤心枯寂的话。

从左路下山，见着两个衣履古朴的人，从山下上来。那两个人，忽而俯仰遥望，十分惊奇，上前指着空中问我道：“轧轧之声的，是什么东西？”我答道：“是飞机。”逸冰问他道：“你今天才到广州吗？”他道：“你为什么晓得？”逸冰道：“广州自去年至今，每天都有试演飞机。见你不知飞机是什么，故知你是才到广州的。”他说：“我是福建人，今天才到。”我问他：“到这里做什么？”他说：“我的子是七十二烈士之一个，千山万水，特来扫墓。”说罢，不胜唏嘘，泪簌簌下。我们知道他伤心到极，不与再谈。

便到史坚如的墓参观。墓在马路旁，有砖墙围着，墓前矗立一个石像，带着又神俊又沉默的面容。这就是把炸药攻毁两广总督德寿的署而被擒遇害为共和殉难第二个健将史坚如烈士的墓，我们在外面瞻了一回，芊绵的浅草，杂生着红白的小花，护着他在那里长眠。对此侠骨英魂，怎得不令我们青年人发生羡慕敬仰的情绪？

远望着白云山，几个高峰，层峦耸翠，如画屏横列，表示无限庄严。听说市政厅的计划，预定筑一路，直达白云山，叫作白云路。宽定一百五十尺，划两旁各十五尺做人行路，种树一行。马路中央，划四十尺做草地，种树三行。绿荫之下，置靠背铁椅，供行人休息。左右路旁，阔八十尺，供车马往来。这种马路，外国叫作公园路。现在已经种了五千多株树，将来修筑完美，广州的风景和交通，又是一个新局面了。

（《新游记汇刊续编》第五册，中华书局一九二三年十二月初版，原题《黄花岗纪游》）

邵潭秋：
岭海从来属汉家

邵潭秋（1898—1969），名祖平，字潭秋，别号钟陵老隐、培风老人，江西南昌人。肄业于江西高等学堂，为章太炎高足。历任东南大学、浙江大学、四川大学和中国人民大学等校教授，著有《中国观人论》《文字学概论》《词心笺评》《培风楼诗存》等多种。

海珠桥上夜生光，睒睒明灯烛远樯。

榕树喧禽栖未定，荔湾歌女棹相将。山林路启蛮夷长，水国仪开广利王。曾是干戈化玉帛，千金谁饰陆生装。

轮船通津人异音，轻装短后意骎骎。

乍开乍落花争笑，半雾半阴暑易侵。薜荔墙头舒望眼，桄榔树下结同心。

参军蛮府何为者，自喜娵隅入傥吟。

来迟无奈荔枝何，未看红棉怅此过。

春月难同韵杨柳，秋风从不上林柯。埭香户户分红药，潭碧家家养白鹅。

越女多情还惜别，佗城东北是天河。

不遇主人犹看竹，莫忧水厄但斟茶。

网丝驰道多行马，藤蔓园林尽伏蛇。
国破君臣悲绍武，台荒宫馆识昌华。
中原一发休言远，岭海从来属汉家。

——《广州杂兴》四首，潭秋写定于广州梅花村精舍

予过汕头潮安谒韩祠后，即作说潮阳一记，寄上海《旅行杂志》。今到广州已一月，反绝无所述，笔墨疏慵，遂至于此，亦殊堪自哂矣。公务处理既毕，即将返京，爰取匝月游骋观感所得述之，为《羊城杂记》一文;《广州杂兴》四诗，则以骈列篇端，借当开场楔子。

广州，中国南方一大都会也。周时传有五仙人骑五色羊来集此地，各以谷穗一茎六出留与州人，且祝曰:“愿此阛阓永无荒饥。”言毕上腾，羊化为石，因以名城，故又曰穗城，曰仙城。周时为南武城，主者为越王无疆。秦置郡县，守者南海尉任嚣。汉时赵佗据以自立，为南越武王，倨傲倔强，与汉几欲分庭抗礼，则此州之富强，可想见之。汉武雄才大略，仅能敉平其众，其后虽废为郡县，而南汉高祖复建兴王府之号于此。入今民国，为革命之策源地，伟人枭将辩士政客非产生岭海，转毂羊城者，不复为人重视，懿欤盛哉!洵可谓之人杰地灵矣！以人口言，市区市郊约共一百一十三万（据二十一年市政府调查报告）。以财富言，市府二十二年度岁入约毫洋两千万又两百万。以方言言，广州仍自保存其固有乡音，在南方自成一方言系统，与北方之北平语，俨可对立。以服着言，全市除女子多穿旗袍外，男子无论老幼，多着西服，长衫客比较少见。以饮

食言，粤菜在中国肴馔中最为特色，猫犬蛇鼠并可入鼎。南园文园两家稍丰异之席，每桌非百元不办。饮茶嗜好，家喻户晓，市民上午十时早餐，下午六时晚餐，上午十时之前、十一时之后，与下午七时之后十二时之前，皆足登茶楼，手把茶瓯之际，此风染被极广，虽妇女童孺皆然。初到广州者，莫不异之，此亦广州特异之点，非富侈习奢之都会不至此也。

吃在广州之风，予夙闻之，自来羊城一月，粤友见招，遍尝异味，如龙虎凤一味，乃合烹蛇猫鸡肉而成。三脚鸭乃合烹全鸭鸡爪火腿蹄爪而成。其他菜名如凤爪、白花脆皮鸡等，取义皆耐人思。柚皮人以为苦者，至此乃鲜美如鸭脯。竹心人之所不知者，伐小竹淹之水中，竹皮尽，竹心出，加以烹治，乃细腻如鸡绒。粤菜清淡鲜洁，不事肥浓，不多施盐，宴罢退席，令人口吻不燥，心腹清虚。予三至扬州，一至新安，皆患其菜油腻难下箸。居苏州半年，又常至无锡，亦苦其菜过甜，若进小儿以饴糖。杭州住十载，生菜亦蒸食如烂草根，市上酱园，栉比而设，常笑西子未尝蒙不洁，特为盐水渍透，未能以秀色餐人耳！昔东坡读庄子大快，观其汪洋恣肆，以为无有，乃知文家向来无口。予来广州吃粤菜后，始觉有口腹之适；彼食前方丈，夜半不嗛，主妇操面杖，灶婢议酒食者，乃徒增其烦动而已。

到羊城之次日，天气酷暑，老友顺德陈荆鸿偕其夫人连城璧女士过访梅花村梅花精舍，招泛荔枝湾。荔枝湾在本市之西隅，曲水湾环，与珠江白鹅潭接流，夏秋唯一之纳凉处也。南汉刘鋹曾建昌华宫于此，两岸遍植荔枝，当旧历五六月时，荔枝颗颗红满枝头，羊城士女，揎袖操楫其间，可以送夕阳，迎素月矣。惜予到迟，荔枝已过，诵何子贞联语云：无奈荔枝何，前度来迟今到早，不禁怆然有同感！荆鸿工诗，夫人亦明靓善谈论，船至中流，就卖酒菜艇子进晚餐，粤人治饪极精，虽水上之浮厨，亦复不肯苟简。吴兰雪《西溪》诗“买鱼呼酒有谁闻”，则远不能与荔枝湾比矣！是夕游至十一时，复进鱼生粥一器、椰子嫩姜一盘，此游有诗一首：“白鹅潭水夜凫飞，惊掠船灯复合围。莫信风波渡桃叶，但容驿骑媚杨妃。浮厨列舫鱼虾贱，盲女传歌弦索微。仙侣同舟忘主客，湿云如梦上人衣。”

顺德蔡守寒琼，南社诗人，亦当代有名金石家也，闻声相思，通讯累年，到粤后访于东华西路之艺彀中，一见甚欢。其夫人谈月色，善画墨梅，又工刻印，福慧双修，比之李易安赵明诚之归来堂，有过之无不及也。一日，蔡君夫妇驱车至，邀游白云山及黄婆洞，而其最香逸之任务，则在省视将种于张二乔墓上之红豆树苗长至何状也？张二乔名乔，字乔倩，母本吴侬，以善歌入粤生乔，乔长成，艳慧绝人，能博记歌曲，尤善诗词，身虽歌者，不谐于俗，褦襶噂沓辈至前，兀坐凝睇，若不在目，母欲择婿豪家，乔为诗见志云：“朱门粉队古相轻，莫拟侯家说定情。金屋贮骄浑一梦，不如寒淡嫁书生！自怜孤韵不投时，懒学逢迎惹世嗤。笔墨有灵偏伴我，风花无力欲依谁？空宵卧病禅心进，幽梦侵愁瘦影知。得遇梁鸿与偕隐，百年宁负住山期。”母不能强，三城豪华子弟有以三斛珠挑之，甚至设机械张毕罗以相谋，乔智能自脱，一笑哂之而已！性好吟咏。倾亲风雅，时陈文忠公子壮于南园抗风轩集名流开社，黎忠愍遂球陈给谏子升皆与焉。乔每侍文忠，文酒之会无不在侧。文忠尝题其所画兰曰："谷风吹我襟，起坐弹鸣琴。难将公子意，写入美人心。其受珍至如此。"尝有诗送黎舍人美周绝句云："春雨潮头百尺高，锦帆那惜挂江皋？轻轻燕子能相送，怕见西飞是伯劳！"又送李山人烟客绝句云："子夜征客特地忙，奈何花月是离觞！春江千折牵游舸，若个津头柳线长。香作飞尘玉作烟，轻寒微月养愁天。梅花本是江南弄，一叠关山倍可怜！"皆清婉得唐人秀韵。南园诗社社友彭孟阳，文学才望最高，又尝出乔母子于险，乔心德之，有愿托身之意，芳辰叩扉不召自来，瀹茗煎香，留连至夕，如此三载，彭许焉。会东洲赛神，乔随乐部憩于水二王庙，夜梦王刻期聘之为妃，醒遂病，越数日而卒，时年才十九也。孟阳懊悼无极，乞得苏山人白云山麓梅花坳胜地，为营窀穸，成恻恻吟百首哀之，而当时同社诸公送其丧者，皆群捐植花卉于其墓，号曰百花冢，此明末弘光间事也。两三百年来，墓树摧为薪，百花无根荄，蔡君与羊城诸名士，创议修复，红豆树寄黄婆洞第一林场内，蔡君将以移植张二乔墓上者也。相思树发美人冢，月夜魂归环佩声，情天杳杳，当不知为爱为恨？蔡君导展其墓，不胜怅触！因成三绝云："桃花扇里斗婵娟，碑上弘光大纪年。留得南明残照在，听歌一似听啼鹃。南天瘴雾忒纷拏，守尽霜冬未有家。山鸟莫衔幽梦去，香魂只傍玉梅花。（二乔同孟阳探梅有句云：爱此孤根好，萧疏玉满林。低徊不知去，总为岁寒心。）玲珑山骨锁愁根，瀓汩泉流带泪痕。绝代美人竟不嫁，一般青冢向黄昏。"

白云山为广州附郭之最高山，寺院甚多，如安期仙祠、郑仙祠、

白云山能仁寺　摄于 1920 年代

濂泉古寺、能仁寺等，均开放为白云公园。是日天甚热，均未一往，但乘汽车环绕山腹山巅道路观赏，自亦不凡。何者为瘦狗岭，何者为摩星岭，可约略自松罅中辨出。白云山多松，植已十年，连年派飞机散播树种，故苍酽之山，益为蓊蔚也。过白云山下至黄婆洞，为中山大学第一模范林场。场前有大游泳池，盖潴合山水而成者，澄碧一色，楼槛倒影其中，真可入画。黄婆洞山上最高处有环翠楼一座，于其上凭眺，可见花县增城。

广州昔为南疆大郡，名胜古迹，早有品题。羊城八景，分载志乘，府志以波罗浴日、石门返照、珠江夜月、白云晚望、大通烟雨、蒲涧濂泉、景泰僧归、金山古寺当之。但年湮代远，景物多非，如石门返照，从长堤搭白泥轮前往，二时可达其地，当江之门，乱石抑之，江声澎湃，至有可听，今新辟泳池，好泅者多趋之。下午四时，白河轮末班船开回广州，则返照不得睹矣！珠江江水黄浊，轮舶凑聚，藉令有月，亦无足观。而予处广州之一月，非飓风屡临，即闷热多云，从未见玉宇无尘、银河泻影之时，安得泛珠江而一看明皎之月乎？白云山予以白昼晚望，则以有灯火之昏时为宜，惜不能夜宿安期诸寺庙，一豁双目耳！波罗浴日、大通烟雨本地人亦多不知，蒲涧濂泉景泰三寺，皆在白云山，予皆未往，然僧归亦为八景之一，殊觉空洞。且羊城八景，白云山已占其四，当时安排景物者终未免寒窘拘牵，殆示广州以不广者欤？

羊城风雅，久着南服，近因欧化荡击，新进人物多，薄视旧学，旧有文化，不无衰替之象，卖古籍之书坊，羊城只有一家，其余则书摊掠贩者耳。渊博雅粹之前辈，如沈演公、邓尔疋、已如鲁殿灵光，后辈中如友人李沧萍、陈荆鸿等，殆亦不多得。八月二十三日，粤名士有清游之会，会设涎香茶楼，是日到者有高剑父、容仲生、赵少昂、李供林诸君等二十余人，皆书画名家，蜚声翰墨者也。传闻羊城诗文书画之会，共有三四起，唯此会与彼会常以主张不同而互相倾轧甚烈。粤人倔强性成，能任艰巨，然个性难融，其组织辄常易摧败分裂。愚意文化事业，宜有互相接收互为推重之道，使其整个之步骤，迈往前进不已也。

广州市四至经界，予不甚明，但知南为河南，其地未甚繁荣，赌未禁止时，番摊博场，骈列于此，上流人士，裹足罕至者也。东为东山梅花村，达官贵人之住宅，多在于是。其地洋房高矗，花木鲜新，已前执军政者私邸在此，人不敢过，咸目之老虎窦，粤语窦犹窠也。西为西山，现在开辟中，将建为风景住宅，其地风景空气，闻尚优于东山也。北为北郊，或曰郭北，在粤秀山麓之北门外，陈荆鸿夫妇复驱车载予于甘泉山馆，北郊最有名之酒家也。其地树木蓊蔚，水泉澄洁，白酒黄鸡，青芥紫苋，均可立呼入馔，不意乡野之间，复有城市之供。杜少陵寓此，将不复咏盘飧市远无兼味矣！荆鸿有作，予亦次韵：日晚溪童卖菜归，比邻鹅鸭莫相违。欣逢旧雨频传爵，愧对行窝一启扉。抢地竹风鸣策策，参天松黛影微微。秋林净好浑如洗，助浣尘襟笑昨非。

初至羊城，令人兴起一望而知为革命策源地者，则粤秀山中山纪念堂、黄花岗七十二烈士墓是也。中山纪念堂位于德宣西路，此

沙面英国圣公会教堂　摄于 1920 年代

地旧为督军衙署，民国十年总理孙公驻节于此。署址毗连越秀山，地势雄拔，地人追思总理功业，遂筑纪念堂于此，宏伟壮丽，为民国以来最令人起敬之建筑物也。七十二烈士墓在东门外永泰村东北之黄花岗，为辛亥三月二十九日围攻督署杀身成仁之七十二烈士埋骨处。民元间，黄克强先生致祭先烈，曾题联云：七十二健儿，酣战春云湛碧血；四百兆国子，愁看秋雨湿黄花。孙总理亲题浩气长存四字，龙蛇飞动，足与先烈精灵，永垂不朽矣！

河南有漱珠冈，传为汉代杨孚之读书处，予震其名，又读易实甫诗有处处溪山似画图，亟同友人何觉往访之，则树杂石庸，无一可观，因顺道赴岭南大学一游。访校长钟荣光长谈，岭南曾为孙中山先生之母校，钟校长与孙先生老友，就校长任，亦已三十年。

广州繁盛之区，全在西濠一带，旅馆大厦，弥望皆是。某保险公司大厦累二十五层，国人自营之市屋，如此伟丽，洵可佩矣！西濠口附近为沙基，沙基对面为沙面，租界所在也。沙面有英、法、日租界，他国亦驻有领事。私娼聚赌者闻有匿迹是间，诚无异一逋逃薮，弥可感叹，不独以其为国耻之留存地也。沙基一带，商业殷繁，陈塘妓女，有七八家之多，常借附近酒家招致，以餍蜂蝶。粤音呼陈如情，情如有塘，其沉溺伤生者，当亦不少矣！赵瓯北《簷（檐）曝杂记》有线篷船一条，载疍户女子获侍状元一夕，人呼状元夫人，此亦私妓之一种，不足为怪。所可惧者，粤地有一种麻疯女子，常勾引异性与合谋减其毒，一与之接重则毒发身死，轻亦残废终身，俗名卖麻疯。粤人两姓论婚，必务考其家世者，殆以此故，则异乡人之初来此者，宜极笃慎容止，不可轻作惊艳之想明矣。

两广文化，有一合流共进光辉昌大之时，即逊清光绪间广雅书院之设立是也！南皮张文襄公之洞任两粤总督时，慕阮文达公元崇奖文教，设立学海堂故事，亦于光绪十三年兴造广雅书院于广州西华门外之西村，锐意存古，提倡经学史学理学文学，院生只收两广人士，来学者可达两百人，多一时知名之士，洵近代两广文化之最堪纪录者也！予来广州逾一月，问讯友人，始知广雅书院今为广东省立第一中学，斋舍犹存，规制仍可考见，爰橐笔而专往焉。西村在广州之西郊，从惠爱路乘广九至西村公路汽车往，约二十分钟可达，九月二十三日下午一时，予取斯道至西村，遥见榕阴如画，碧水环绕蜃垣如古之“辟雍”“泮宫”者，即广雅书院是矣！入门，右侧有招待处，张文襄公画像张此，旁有吴大澂篆书联云：“听诸生夏诵春弦，声出户外如金石；到此吟风弄月，花落水面皆文章。”更进为堂，堂矗巨碑四方，皆泐篆文，一录许君说文解字叙，张之洞书；一录郑君六艺论，吴大澂书；一录程子四箴，汪鸣銮书；一录朱子白鹿洞书院学规，李文田书；篆势皆浑雅圆劲。更进为无邪堂，榜额为“经正无邪”四字，旁悬张之洞联云：“尊其所闻，行其所知，合岭南东道岭南西道人才，互相师友；博我以文，约我以礼，会汉儒经学宋儒理学宗旨，同造圣贤！”吴大澂联云：“同学尽知名士，不远数千里而来，讲究切磋，实为两粤英材渊薮；置身作何等人？愿闻二三子之志！文章勋业，须用六经根柢工夫！”左壁有黄士陵所书管子弟子职屏幅八条，右壁有郑知同所书荀子劝学篇屏幅八条，琳琅整肃，令人思古之心，油然而生，乃知盛世右文之业为不可及也！堂阶数级，花树扶疏，北为冠冕楼，有藏书馆，东为东斋，有周濂溪先生祠清介堂，西为西斋，有岭学祠，岭学祠前为莲韬馆，斋舍皆以字编号，多至不可数，今第一中学为全粤中学之冠，学生有两千人，即分居此等斋舍中，广雅书院诸生多时不过两百人，广东人住东斋，广西人住西斋，其舒泰安闲之致，盖远过于今矣！西斋门首有碑二方嵌壁间，其一详述书院创立宗旨及院内员司系统与夫院生待遇办法；盖阮元学海堂制度，不设院长，仅分设学长数人，督导诸生功课；广雅书院则设“院长”（即山长，朱一新、梁鼎芬曾任此）一人，掌总衡课艺黜陟诸生大权；设“分校”四人，略相当于昔之“学长”，负指导研习及衡文阅日记之责；设“监院”二人，东西斋各一，秉监督诸生区别轻重缓急惰及审察其行动之职；每斋十舍，设“斋长”一人，东西斋亦各一，每舍宿十生，合东西两斋共住两百人；院中立“经学”“史学”“理学”“文学”四门，学海堂旧有“经济”一门，今不别立，以附之“史学”中。院生任习一门，其才高者，听其涉猎各门；每月就其所习之门出课艺一篇，出题后听三日内交卷，考其成绩，列七十名以前者有奖，而每月应支之修金四十两火食十两不与焉！修业以三年为期，在此期内，乡试可给假一月，重要事故可请假一月至四月，修金火食钱不扣；三年业满，就其成绩卓异者拔为“分校”，此第一碑文之大概情形也。其二详订书院院规，如“入院时奉百钱为贽”也，“每朔望集无邪堂听院长训，及谒濂溪岭学二祠”也，“不得酗酒及吸食洋烟”也，“不得包揽词讼”

也，“不得出院外宿”也，皆其荦荦大者，绎其条文，皆以敬师重学，先行后文为主旨，此院规，皆张文襄手自订立，一代伟人，其巨细不遗至是，诚足令人敬仰，溯两广士子之享此殊遇，约自光绪十三年至宣统三年，及鼎单鼓变，而书院制废，学校代之兴矣，文襄则于光绪十九年间移节两湖，存古之志，一变而为维新，此盖识时务者之不得不然，然而两粤士人蒙书院之惠为独多矣！文襄在粤，不仅开广雅书院有功于文化，即其在任内所刻之广雅丛书百数十种，亦为精善足式，传先哲之精蕴，启后学之困蒙，亦利济之一端，而艺林之雅谈也。广雅丛书版片存广雅书局，在文德路六十二号仲元中学内，全书现有一部庋存，概不借售；版式一律者共一百五十五种，都凡六百册，全书本槽纸印者，售价仅三百一十二元；史部之书有九十三种，子部书十四种，经部书三十九种，集部书十三种，均抽印单行于世。

（《旅行杂志》一九三六年第十卷第十一号，原题《羊城杂记》）

穆时英：
冒险、热情、死拼的南方人的特性

穆时英（1912—1940），浙江慈溪人，中国现代小说家，新感觉派代表人物，代表作有《圣处女的感情》《南北极》等。因在日伪占领的上海主办《中华日报》副刊《文艺周刊》和《华风》，并主编《国民新闻》，被国民党特工暗杀。

妇孺列车

接到了朋友郑君的信，我马上拎了一只轻便的旅行箱，挤上十二时五十分开往广州的中午快车里边了。居然能够找到一个座位，真是两年来最幸运的一件事。刚坐下来，并不短的一节车厢已经不可思议地装满了人。这些乘客里边，除了一部分只带了很少的行李的，像我那样的单身汉外，差不多全是大包小裹的妇女和孩子们。妇孺列车！可是开往哪里去呢？开往在飞机翼下的广州。轰炸并不使人们抛弃家乡，反而使他们更留恋他们的生长地。刚在半个月前，她们仓皇地逃到香港，而在日本的航空母舰发现在唐家湾的现在，她们又雅兴勃发地赶回不久会大规模地被轰炸的广州去了。这样的轰炸效果，我们的“皇道使者”是没有法子了解的吧！就是我自己在当时的确也有些诧异。

风趣的插话

火车开行了以后，从坐在后面的少妇们的对话里边，我发现了一段颇为风趣的大时代里边的小插话。

她们是经过她们丈夫的敦劝和恫吓才勉强地离开“甜蜜的家”的，可是精细的太太们就是在这样危急的非常时里边，也没有给予她们的丈夫以过度的信任。她们走的时候曾经在丈夫身边布置了周密的情报网，而现在预料的消息真的传来了：男子们晚上回来得很迟，时常在可疑的地方出入之类。

“说什么男子是应当牺牲的，你们女人的责任却是抚养和教育小孩子使他们成为未来的战士：这一类好听的话，原来是他们熟悉的假公济私手段！”坐在我后面的一位有着很婉约的声音的少妇大声地说了这句话，使前半截车厢里的男子们都笑了起来。所以她们预备回去，像男子一样地，和她们丈夫肩并肩地死在亲爱的广州了。

绅士和侍役

在我斜对面，坐着一个穿得相当华贵的中年绅士。他手上的晶莹的钻石和胸前的沉重的金表练（链），在这样艰苦而流离的年代，使他成为全车厢里的刺激人物。

车过了深圳，离开了九龙半岛租借地，进入珠江冲积平原的时候，他渐渐不安起来。他好像在等待着什么，又好像想从喧嚣的轮声中听出什么来似的，紧张地坐着，不时探看窗外晴空下的白云。终于，他忍不住了，他拖住了一个冲茶的侍役，开始了底下那样的对话：

“如果飞机来了怎么样呢？”

“来了再说吧！”

“掉下一个炸弹来怎么办呢？”

“你也死，我也死，大家都死。”

“车上一点防空设备也没有吗？”

“从香港到‘省城’，这样大的天空你防得了吗？”

“不是死得不值得么？”

“整千整万的人在死，有什么值得不值得。”

碰了一鼻子灰的绅士，有点生气的模样。那侍役却轻蔑地瞥了他一眼，“丢！中国人没那么衰的！”那样地，低低地唾骂着，走开去了。“衰”字的意义是起码、没用、懦弱、不要脸等等。倒是一个很可爱的家伙。

侍役走了以后，他静默了一会，忽然跟我说起话来：“不用说炸弹了，机关枪扫一下也不得了呵！躺下去吧，受弹的面积更大；坐在这里吧，子弹一定打在头上。”

我只笑了一下，对于这样的绅士，有什么话可以说呢？他有财产，有名誉，有地位，他的生命的确太珍贵了。他得保留他的生命来享受生活。

祖国的土地

列车终于到了大沙头。半月前来过一次，并不像意想中那样明朗，反而是笼罩着淡淡的悒郁的气氛的这荔枝和木棉的城市又展开在我眼前了。

走出车站，当面就是一颗大得可怕的炸弹模型，旁边是一架装着机关枪的钢甲车，和一小队矮小的广东省军。正和一切南方的出品一样，这些士兵都是那样小巧而精致得可爱，可是，冒险、热情、死拼，这些南方人的特性也清楚地刻画在他们脸上。

经过几次轰炸的广州和我上次来时情形没有什么变动。街上触目都是匆匆来往的壮丁，不容易看到女人和小孩子。可是在这短促的时期内，广州的领导者却已经把广州用宣传品糊了起来。到处都可以看到日本兵士跪在拿着大刀的中国兵士前面的大幅漫画和白布标语。在半部《论语》的封建军阀统治下僵卧了八年的广州现在是突然醒来了！早几天，这里举行了一个三十万人的示威游行，在飞机的威胁下，集合在中山纪念堂前，向民族的敌人吼出他们的愤怒。

已经不是殖民地上的奴隶了，是踏在自己的国土上的中华民国的堂堂国民了，已经受着自己的军队的保护了——思想的断片迅速地涌上来。虽然也许马上会有一颗炸弹掉下来，把我炸成粉碎，可是在往郑君负责的某一救亡机关的途上，我依然有着一种古怪的安全感。

一个问题

在一间充满了紧张的工作空气的小房间里，我找到了郑君。他兴奋地告诉我，他们正在组织一个五万人的歌咏示威，预备用自己的歌声来唱出这伟大的民族的辉煌的明日，唱出自己的憎恨和喜悦。他又告诉我有很多很多的青年要求分配工作，同时又有很多很多的工作没有人去做。问题在这里：差不多所有青年都有着太多的热情，而没有实际的工作经验和能力。他们希望做轰轰烈烈、有速效的事，例如演讲、示威、演戏等等。他们缺乏冷静、坚忍和组织能力，也没有专门技术。因此,有的方面人力供给太多,有的方面队伍又太少。

“在这样的紧急的时期，我们却必须把他们重新训练，重新组织，而不能马上把他们动员。”最后郑君稍稍有点悲观地这样感慨着。

六年来，我们在许多方面飞跃地冲进，在另外一些方面却依旧是吴下阿蒙。我们的自我估计没有做到百分之百正确。我们已经是一致站起来了，可是我们却并没有动员。我们的力量还不能被充分地利用。我们还是没有经过组织的群众。这是一个很严重的问题，我们应该在斗争过程里边尽快地解决它。

没有灯的都市

为了想瞧瞧这南国都市的晚装，八点钟左右，和郑君一同从明亮的拿坡伦咖啡座，走到黑暗的街头来了。习惯于电灯和霓虹灯的眼，一跨出咖啡座的台阶，马上像失了明似的什么都看不见。没有灯！完全没有灯！在无论如何都不应该没有灯的地方也没有灯！

街上，这里那里时常有一些强烈的光突然射出来，射到人的脸上，马上又消灭了。那是宪捕用手电筒在查察他认为可疑的人们。为了我的触目的非广东型的脸，和我的生硬的广州话，只走了二三十间门面，便受了七次严厉的盘诘。广东人有一种很天真的认识，他们以为江北人都是汉奸，而江北人和非广东人中间的区别他们是始终弄不清楚的。如果没有郑君，怕又会像上一次一样，整夜被监视着了。

“加拿大”和私家汽车的前灯明灭着，像田间的萤火一样。街道和行人的轮廓突然清楚起来，又突然消灭在不知哪里。我们是用触角在走着路，车辆轰然地鸣叫着从身边擦过去，游人们从暗陬里面对着我们撞来。完全像鬼市一样，悄然地，一点声音没有地，无数的人在身边憧憧地隐现。真是很有趣的景象。

十点钟的时候，我们站在海珠桥上了。珠江的确很俏丽；月色澄清得很，水面上笼罩着柔和的、黄昏样的薄明。从泊在桥下的珠艇上，睡熟了样的珠艇上，哀怨的粤讴在夜色中浮动着。

这样梦幻似的大月亮，可是珠江水面上的闪烁的反光，在空中看下来，不是非常清楚吗？也许五百公斤的炸弹会掉下来，消灭了这些精致的珠艇，可是汉民族却将像这静默的珠江一样地，永远地、永远地生存下去。我们也许会流血五十年甚至一百年，可是我们的自夸的敌人将一个没有遗留地粉碎在我们脚下。

夜 袭

郑君的屋子是一座漂亮的别墅样的建筑，位置在东部的山坡上。我的卧室的窗外展开一片肥沃的平原，对面就是那永远缭绕着白云的白云山。因为疲倦和那张华贵的席梦思床褥的诱惑，我一下子就睡熟了。

不知道睡了多少时候，我突然醒来，而且在床上坐了起来。一种微妙的预感突然浮了上来，觉得一定已经发生了什么事似的。就在这时候，我听见郑君正在敲着门，稍微有些匆惶地叫着我的名字。我跳下床，披了睡衣，去开门。

“飞机来了，我们到楼下去吧。”和他的声音相反，站在门外的郑君却意外地有着安详的脸。

刚走到楼梯那儿，我们听见紧急警报。本来已经很静寂的空气，越加静寂起来，就像这两百万人口的喧嚣的城市突然变成了化石一样。窒息了似的呼吸着，我听到自己和郑君的心脏跳动得难堪的响亮。

“生死关头的确不容易保持浩然之气！”我解嘲地说，郑君也会意地微笑了。“如果被炸死了，家族便会陷入更绝望更悲惨的境地吧。”各种想象敏锐地、迅速地在意识上反复地泛滥开来，一面深深地厌恶自己的懦弱和无耻。

在半楼梯上，我忽然有了一个主意。“到三楼露台上去吧！无论如何，这是个难得的机会。”这样地向郑君提议，他马上同意了。

一大片夜云正在月亮底下浮过，广州和它的近郊差不多全给云彩遮蔽着。可是月光却依旧透过了那片云洒落下来。在辽远的水平线上，庞大的，梦幻似的银云堆积着。轻倩的小云在天空里浮游着，那种潇洒使人联想起后期印象派的画。满天的星星晶莹得不像是现实的东西。

在我们的脚下，密密层层的万家脊檐漠然地融合在远山苍影里。这座古旧的中国城市仿佛能容受全世界所有的爆炸弹似的，茫然地躺在那里，像一个熟睡的巨人并不为了蚊蚋的侵扰而感到不安一样。

璀璨的夜空

正在感叹着我们民族的“深”和“大”，忽然听到了飞机马达的轰闹声。几乎是同时，机关枪声也从很远的地方，躁急地，不耐烦地，在静谧的夜空里蠢动起来。

“我们大概是在黄埔附近截击他们吧。”郑君像一个老练的空袭城市居民似的告诉我。

飞机的嗡嗡声和机关枪的达达声渐渐近来了。

越来越近——越来越近——几秒钟以后，我们四围的空间全是这个压倒一切的、烦扰的声音，就像千万只夏日的金蝇在我们上下左右营营地缠绕着一样。机关枪声也清澈起来、尖锐起来。七十多颗红的和绿的星在空中晃摇着、流动着，那是飞机尾上的夜航灯。

可是我们却瞧不到一只飞机，因为那片大浮云还遮蔽着月亮，只有机关枪的枪火在银灰的夜空下流星似的窜走着。

空中正在战斗着。

一瞬间，五十多盏探照的微青的光射透了夜空，交叉着，纵横着。一只单翼机突然在探照灯的光里，一颗银色的斑点似的闪烁起来。马上另外五条强烈的弧光扫过来，集中在那银色的斑点上。从六个不同的角度和地点射出来的青光把一只耀目的飞机捕捉在交叉点上，一眼看来，好像是一颗拖了六条长尾的彗星。这样的彗星连续出现在夜空里。

同时，几乎会把人震倒似的，高射炮和高射机关枪从四面八方吼叫起来。火树银花在三千尺的高空开放了。有的是孤单的一朵，有的像三瓣的姜花，有的像五瓣的梅花。

云彩、探照灯和高射炮，在夜空里织着璀璨的图案，而成群的飞机就在这广漠的、瑰丽的画卷上冲刺着、回旋着。

描在夜空的霓虹灯

不知从哪里掉下一颗发白光的、摄影场里用的两千烛光的炭精灯灯泡样的东西来，在半空中燃烧着。突然，整个的天空和整个的广州都被照明了。大约过了三秒至五秒钟，这奇异的火炬又突然消灭。在这一明灭中间，我们看见了许多东西。

西濠口的峻削的摩天大楼把贴在天边的云块做衬景，浮雕似的映现了出来——在那些浮游着的一片片小云中间，百架以上的飞机翻腾着。

（《宇宙风》一九三八年第五十一期，原题《飞机翼下的广州》）

第五编

食甲天下

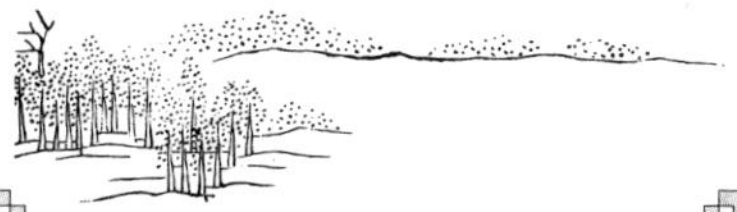

禹　公：
广州食品单论菜式之最贵者名生翅

讲述人为苏州人，上海《申报》记者，具体事迹不详。

谚有“生在苏州，食在广州”之语，可见广州人食之研究是甲于全国者。记者亦曾一次旅居广州，知之颇详。兹录一二于后以供阅者。

广州人酷嗜甜味，无论烹制何种菜式，咸以洋糖为主，完全甜食亦甚欢迎。广州城内有街名曰惠爱，其中卖甜品之店者，如炖牛奶、莲子茶、奶露、蛋露、杏仁茶等，不下六七十间，于是亦足以推测广东人之嗜甜味矣。

其制菜之方法，千变万化，不若吾苏之呆板。牛肉一物，在苏人制之，不出十种，而在广东人，则指不胜屈。兹举例以明之：滑牛、菜软牛、蚝油牛、羌芽牛、辣椒牛、牛抓、滑蛋牛、清炖牛脯、卤牛、汾酒牛、牛蛋等。以上就其最普通者言之。至若不闻其名者，尚不知几许。广东人制菜之妙可见一斑矣。

广州生活程度高，是以食物昂贵，况且经过多次军队之蹂躏，更不堪问矣，无产平民饿死于途者常见不一。现鸡子每斤至少需洋八角或十角，鸭子亦不下六角。其余如海味海鲜等价格之昂令人吐舌，中等人家亦难一尝佳味，何况无产之平民乎？

广州食品单论菜式之最贵者名生翅，生物来自日本者居多，价值每碗现成者六七十块，二三十块者已属下乘矣。所以许多人咸知其名而不知其味也。

广东人食品虽肯研究，而卫生一道间亦有不顾及者。例如狗猫鼠等等污秽之物，亦作美品待之。更有所谓“龙虎会”者，法以最毒之蛇杀之，而与黑猫公同煮之而成。记者亦曾试尝之，其味确鲜美无比。照土人说，此为补气血之妙品，但是否属实姑听之。

广州之云吞，亦著名之食品也。其制法大异吾苏。有鱼皮云吞、蛋皮云吞、鸡肉云吞等名词，所谓鱼皮云吞者，是以鱼肉打成云吞之皮也；蛋皮者，是以鸡蛋和面打成之云吞皮也。云吞之馅，大概以叉烧、猪肉、鸡蛋种种为之，其汤则以大地鱼、猪尾骨、瑶柱等煮成，可称绝味。但其价格不甚昂贵，大抵每碗只需铜元六枚或八枚左右，此又可见广东人做生意之肯用本也。

（《申报》一九二四年十二月二十日，原题《广州食话》）

黄诏年：
茶食店成为“看老婆的大观园”

黄诏年（生卒年不详），广东翁源人。毕业于广东协和神学院，现代民俗学家，出版有《孩子们的歌声》等。

在武汉的饿乡饿了大半年茶点的我，不消说一跑到上海在虹口的广州茶店真个“饿虎落阳”了。但是即因为这样，不到半月又在非饿乡而饿了。现在既经有好几天没福分到虹口，每当正午只有“幻想大嚼”一个法子。今天太阳是那般好，时刻又既是一时，料想茶店里的红男绿女正是吃个不亦乐乎，自家坐在这公寓的一角闷得难过又想起了《语丝》上的《广州的茶点》，在残破的书摊翻第七册一一五页看了一会更其难过，好吧！现在姑且把它写出一点来罢，也算是“画饼充饥”的意思。

肚子是空的，那末，要在脑里想出事情来是多么艰难？好在抄袭胜于创作，聪明的著作既在明训，我现在要介绍广州茶点给没有吃过的男女士，既是无能又加不必，自然乐得将《语丝》一二六期王文元的话抄在下面。

广东人爱艺术的天性，也许是谁都知道的。他们的日常生活，差不多也有点艺术化的了。广州人连吃饭似乎都有“趣味”的成分，他们每天只吃两顿饭，一餐在上午九时左右，一次在下午三四点光景。至于早上、午后、晚上这三个正是我们江浙地方吃饭的时候，他们却吃茶点。

茶资便宜之极。起初我不知道，只是徘徊门侧不敢进去，进而复出者有好几次，每回总是怕钱不够。后来跟了一个熟人才进去的。我一共吃过三处，构造布置，大同小异，楼是一统的，唯暗中分数厅，每厅墙上均有木牌标出“三分厅”“四分厅”等字样。若在三分厅坐下，则每碗（用有盖的茶碗，不用茶壶）三分小洋。桌上放有各色的点心及瓜子，均盛于小碟中，我有一次一连吃了五碟，茶则一喝即尽。伙计对我似乎有点奇怪的样子，心想“哪向来的外江佬？”我时而环顾左右的几位善喝茶者，见他们茶则一口一口地啜，瓜子则一颗一颗地咬，前后的时间是很长的。至于他们吃那圆的月形饼，则月半到三十，大概起码也要一刻钟。我想这种地方，如果请岂明先生去，定能胜任而愉快的，我则太无“生活的艺术”了。然而，尽量地大嚼，亦殊别有风味。

真的大嚼，亦殊别有风味，这次我经验的了。而广东善吃茶者，不但是缓，还有一种特异的表现。凡是专（每天四次）兼善的他们，每次吃点心最多不过三种，而这两三种皆为廉好精美的，鸡球大包、烧卖及各店的特色食物一种，价钱是一角半或二角小洋。所以，不但急食为外行，即多食也是不懂。

广东人吃茶上至大官下及拉车的朋友，每天多则四次少则两回。无论何人，早茶（五六七点）、午茶（一两点）都是不能少，四次最惯的是工友。他们每次虽然也要一角几分，然而吃茶的耗费比食饭还要来得紧张。单讲拉黄包车的朋友，他们每天四点多钟起来做搭轮船的生意，拉了点把钟头后完了，这时肚子正饿也正要找地方休息，所以便点茶点。这是第一次。九点吃过早饭到了中午吃茶是第二次。四点吃过了晚饭到晚上八九点吃茶是第三次。第四次则在回家的夜半二三时。吃茶的习惯在广东人差不多是通病，这个通病的起源我怕不是如王文元所说的“生活艺术化”。由交易所——谈话所——集合场——看老婆的大观园，而形成比较是些。

可是这也有点不通。“生在苏州，穿在杭州，吃在广州，死在柳州。”既四鼎天下，广州的食自然不单“酒菜”，当然会扩而充之及“茶、点心”呢！讲到食在广州，真的，我相信到过广州的人，给予他的印象最大的恐怕是茶店与酒馆。这种随处皆是的茶店、茶室、茶楼、酒馆、酒楼、酒店、饭店、餐室、小食店、下阶苦力饭店……当然使外省惊奇（上面所说的各种名称是各各不同的，并不是别名。如:茶楼与茶室它的内容食物等有天渊之别）。或者尽量开怀大食（郁达夫先生将广州市内一千数百家酒馆通通吃了一次便是尽量了。一笑）……

我们且不必去管广州的茶点是否起源于“生活艺术化”，而茶食店成为“看老婆的大观园”等却是事实。

自然的黄（王）孙公子的“讨老婆”决不须在茶食店里看，而所在茶食店看的都是工友、店员、乡下佬、外江佬以及穷措大的流氓等等。但也是真的，我们要谈的只有后者，至于哪些呢？另有封建先生、资产大人，如“家事研究”一样地出专号呵！

他们的对象是婢女、穷家女、翻头婆（再婚者）。由媒人拿相片看过之后，便看人，看人的地方是茶食店，这样的事大概每间茶食店平均每天也有一两起。所以，我说茶食店也是“看老婆的大观园”谁曰不宜？

看的方法，先择定了某间第几号房，先由男的约同几个朋友或亲戚等先去，到了所约的时间媒人便带女的来了。来到之后，照例除各人一盅茶及瓜子外，便一盘肉丝炒面。在食面的前后男的女的双方拼命相看（有些女的有自由权的，可以选择男子），从头看到尾，从尾看上头（当然男的随意些）。在这当儿的旁观者真是有趣，比看猪八戒招亲更有趣。一个坐得像观音菩萨一样死板，一个如同乞丐捉身里的臭虫般地仔细有味。媒人呢，笑眯眯乱插些巧言。呵，真是一幕好戏呢！旁观之人其艳岂浅鲜哉！我愿天下好戏之人，皆做看老婆的旁观者。

除用眼看之外还有对话（试口才及智愚）。照例的姓名、年岁、籍贯、职业……如是而已。但征求的同意亦有，这专是男子发问：

“你喜欢我吗？”

“……”

四牌楼　摄于 1920 年代

“怕什么哪，这位先生又有钱，家里非常安乐，脾气又好，你要说什么尽说，将来都是自家人。哈哈！”

花言巧语的媒人，就一大串令人莫名其妙的话插来了。女子肯的就微笑点头，或者“唔”一下。然而不肯的也并不即怎样表示，不过露点影子罢了。

这样的前后时间至多半点或五十分钟。面一经媒人洗干净几分钟女的就要走了。她走时男的要送一个红包，里面以前是三分六（即香港五仙一只），现在普通二角小洋。

这么这么以后，天大的问题便解决了！不合的固不必说，合的就论价买卖。做女的主人或父母的，谨遵从先贤大圣孔丘字仲尼曰：沽之哉！沽之哉！算尽了他们的责任。

有些对媒人事前说过要看手脚的在看时便兼看，男的将女子之手脚抚摩细擦一任尊便。因为这样，故此亦有不少店员、工友（以前为多），苦不过的时候，便用一月二月的工夫积三几块钱，假装要讨老婆去通知媒人，于是乎他可以一连玩五六个异性，以消磨许多苦闷的饥荒了。

废话说了一大堆，巴望可以充饿，而写了五张稿纸还得不到。呵，我觉悟了，“画饼充饥”是骗人的话，比他们假装讨老婆的“过瘾”还更虚无。“画饼充饥”，说这句话的古人呀，你是流毒无穷！

在非饿乡的上海而饿的九月末日

（《新女性》一九二七年第二卷第十一期，原题《从广州茶点谈到看老婆》）

刘万章：
广州月饼的名称可算千花百门

刘万章（生卒年不详），广东海丰人。民俗学家、教师。曾任《民俗周刊》编辑、主编，《红棉旬刊》编辑等。出版《广州儿歌甲集》《广州民间故事》《广州婚丧喊歌集》及《苏粤婚丧》（与顾颉刚合著）多种。

此刻，仲秋好像由上海搭皇后邮船来广州，多两天就要抵步（埠），这位在民俗里有地位的要人，抵步（埠）的时候，少不免有许多人去欢迎他。欢迎团中最主动而不可缺少的，要算“月饼”吧！

月饼名称，可算千花百门，我现在把收集的几间月饼铺，他们定的不同的月饼名称，写下来：

一、涎香茶楼（广州永汉路）：这间饼肆的老板，出了一张广告，除了月饼名之外，有一篇序云：“在昔霏屑银泥，说清秋于程李；成团璧月，咏佳节于吴宽。月饼之制，由来尚矣。本楼业托汤官，味兼脯椽，琼肴玉饵，美备四时。珠馅珉麋，技夸七妙。固已驾三辅之旧制，蜚五羊之芳声。属以玉宇延凉，金波涤暑薄夜换公之馔，适时顷束皙之言。爰集良工，特标新样。公羊家里，槐芋浮玉碗之香；太白楼头，桂魄丽金樽之色。既已饫清馋，洵足绥解文侯，珠挥贺监也。已谨以出品胪刊食单,值虽多寡之或殊,味总香芳之独擅。问天有盉停白玉之深杯，画地无劳请预红绫之嘉宴。”名称是这样：核桃丹凤月、杭仁莲蓉月、宝鸭穿莲月、五仁罗汉月、金华火腿月、凤凰西山月、银河映秋月、榄仁椰蓉月、火鸭鸳鸯月、南乳香肉月、金凤腊肠月、东坡腾皓月、金银叉烧月、杭仁豆蓉月、玫瑰上甜月、上豆沙肉月、什锦上咸月、上品果子月、莲子蓉月、芬芳椒盐月、五仁香月、豆沙罗汉月、五仁咸月、豆莲罗汉月、豆蓉肉月、冰片莲蓉月、豆沙肉月、冰片豆蓉月、豆蓉素月、莲蓉素月、双凤莲蓉月。

二、宜珠茶楼：珠江同赏月、珠海团圆月、珠光秋夜月、珠圆玉润月、七星伴月、烧鸡吐凤凰月、鸡油双凤月、挂炉烧鸭月、红烧乳鸽月、金银鸭腿月、冬菇腊肠月、西湖燕窝月、五彩凤凰月、银河秋夜月、杏蓉蜜月。其余什么甜肉、咸肉……和涎香的一样，从略。

三、拱北楼：拱北光明月、五族共和月、蚝豉肉月、上品栗蓉月、枣泥贡月、物色皮蛋月、冰皮五仁月。其余和涎香、宜珠相同的，也从略。

四、南如楼：南如贡月、鸡蓉蘑菇月、银河夜月、西施酥月、蚝黄夜月、西湖莲子月、宝鸭穿莲月、椰丝肉月、人物五彩月。其余和上边相同的，从略。

五、品南楼：银河秋夜月、西湖醉月、椰蓉蛋黄月、鲜味风肠月。其余和上边重的，不述。

六、奇香斋：云开明月、唐皇燕月、椰蓉酥月、鲜奶杏蓉月、枣泥时月。其余同名称的，又略。

七、梁广济：冬瓜糕月、蚝黄贡品月、鲜莲桂子月、黑麻蓉月、白麻蓉月、金银腿月、莲子腊肠月。其余和以上重的，再略。

以上六间饼肆的月饼名，虽然不能说是广州月饼名称的总代表，但是，第二、三间以后，便没有那满纸淋漓，可见再收多数十种以至数百种，也不过如此。

一九二八年九月二十日　于中大

（《民俗》一九二八年第三十二期，原题《广州月饼的名称》）

招勉之：
只有“饮茶”或“叹茶”是通行的

招勉之（生卒年不详），广州人。生物学教师、作家、北京莽原社社员。曾与赵景深等共事于广东海丰中学，后为中山大学附属学校、洛阳师范学校等校教员。

在人们的日常生活里，吐痰和瀺水是极其普遍的一件事，咱们中国人是更为重要些。不论痰或瀺有了总得要吐，这原因又要拉扯到艺术问题上去了。为要讲究艺术就不得吐，吐得多则愈觉其巧妙了。有人问艺术未免太被糟蹋了，什么都扯得上去的，还有什么价值？在此不妨答以无产阶级不文，还没有知道这字的真意义吧。吐得多自然又要吸得多来保助，因此嗜好之有吐纳，犹之乎鼻子里的呼吸作用似的。抽烟、喝茶便不妨算是吐纳中之定律的实证了。

平常不喝茶的时候，当然以抽烟为嗜好之一。市上虽多卷烟，但广州考究生活的艺术的人们，多不希罕那些大联珠、大前门、绞盘牌等的——太有钱的资产阶级除外——却反而喜欢抽生切烟。生切烟就是本地所产的烟叶，不会经过什么制练的手续，只给太阳晒干了便切碎成粗粗的烟条儿的烟。否则名曰熟烟。生切和熟烟是一般人之所好。他们不怕麻烦，要抽时便拿纸来卷，手法很灵敏，几乎同在口袋里掏一根大联珠出来一样的速度。这显见习惯成自然便不大感到什么麻烦了。因此市上多特制一种国货的薄而精黄的卷烟纸以供需求的。纸的面积，长约三寸，宽约两寸；卷起烟来后，成长漏斗形，容量并不比之普通烟公司所制的烟卷多，就是为了一头宽一头尖的缘故。许多人，特别是小资产阶级和无产阶级的口袋里，烟条或烟丝和烟纸常是随身行李之一的。据他们说，这些烟——生切和熟烟——的味儿，老辣、纯净而香馥，比之三炮台等的卷烟，物美而价廉得多，至于到底怎么样的纯法，在我还是门外汉，一时也无从介绍出来。就程度而论，生切烟的滋味，如果你能领略时，自然有资格可以抽大雪茄和吕宋烟了，抽烟之道臻乎此则虽不中亦不远矣！除了这些而外，旱烟管、水烟筒、鸦片烟枪等等更是辉煌，更是艺术化了。

这样的讲究的抽法，唾液不免被驱——是否合于卫生之道，在此不表——以为有什么食物到了口腔，一下刺激，不免馋水源源而来。归根不唾出来就吞下去，然后再啜一两口的浓浓的龙井或普洱，而艺术的味儿乃渐入佳境了。不论是痰是馋，吞多了要吐，吐多了要吞…… 又要吐了；毕竟吐的多，谁还愿意把脏的东西留存在肚子里？吐多了吐的方法便不得不生出些工架来，这是很自然的景象呀。

为了要装潢人生的纯洁起见，吐痰——吐馋一样——需要相当的效率，就是吐得距离愈远愈好；出口愈迅速愈妙；痰或馋的体积愈凝集愈有力量；吐出时愈有集中的力量望着一个范围很小的空间上去，便愈觉有趣而老到。为了要吐出效率来，未吐之先的一刹那间，要有一番瞬间的酝酿；上下腭合动和舌头卷缩的动作，将欲吐出的一团敛聚于舌尖和上下齿缝之间；动员令一下，便靠着唇和舌Resultaut，离开身体三四尺以至四五尺外和风尘地面相接触了。这般的像广州人学官话似的吐法，起初的确有些困难，但久而久之，也就习惯成自然了。不过愚笨的我，至今也学不上呢。有时，因为瀺的凝结力比不上痰，一不留心会成喷水花的现象，却不是“必”的一声那么老练，这是效率太差了，会弄成笑话的，要留心一下子才行，如果有人的话。到广州去的人们，不妨在茶楼酒肆里物色物色吧，那要模仿的是不会失望的，倘若你也要东施效“喷”，在下却不敢写包票。有一点要申明的，这不过是到家的人才会，程度浅的、低能的、落伍的怕均不可以同日语，故赋有这本领的人不是十分的多数。

吐了要喝犹如消化了要吃，故饮茶和吃食之在广州很流行的。广州人只用饮茶，喝茶、啜茶都不大通用的。吃茶更是忌讳的事，因为病人食药谓之吃茶，这样才叫吃茶，自和日常的饮茶不同了，难怪其忌讳的。说理，茶是液体，冲的茶叶是吃不得的，不用牙齿咀嚼的“饮”的状态，大约用不着以吃字去将就它，而且吃茶两字联起来也有点“不亨”的——引用国学大家之典故——故饮茶二字亦殊质朴。啜啊，喝啊，虽然也行，却嫌似乎北方的大哥们用的口吻，和南方温文尔雅之风是不大相投的。另外，在饮之外，还有人叫作“叹茶”的，这叹字在广州人用起来是有闲的欣赏，一碗茶喝个把钟头谓之“叹茶”……有钱的不用做工，可以高楼大厦、娇妻美妾……地享乐，谓之“叹世”，叹之意义，尽于此矣！

只有“饮茶”或“叹茶”是通行的，在广州。

每天这样的叹法约有三次：早茶、午茶及夜茶是也。茶话开首之先，第一要留意的内行手续是洗茶杯，此虽穷乡僻壤的广州内地，亦多知之。无论茶馆里的陈设及用品是怎样地清洁或污秽，照例茶客要洗一洗茶杯，不洗固然也没有什么稀奇和大不了，不过有时会给人惊讶到你的火速的举动，太急进了一些，并不曾受过艺术的洗练罢了。成了例的，伙计冲茶之外，另给你一杯白开水，就是这样的用处；倘没有，可以立刻问他们要来，好让他们知道你是内行或艺术家。

茶是冲在茶盅里了。

茶盅多有盖，不比茶杯的露天露地，又不比茶壶的嘴巴翘然突兀而旁出，亦不比茶碗的阔口大面。荷包里有时，又舍得多花几个子儿，则漂亮的江西瓷器茶盅下面又加了一个白铜或银的茶盏以垫之。上盖下盏，那么茶盅就亭亭玉立于云石面的酸枝——红木，贵重的红木——桌上了，把茶杯里的白开水灌到茶盅里，随后以手指捏紧茶杯的口边团团地在盅盖里转动几次，动作要妥当而安详，慢是没相干的，这就算是洗法。洗好了便把盅盖的白开水随地倒了，有痰盂亦不妨倒在痰盂里；但不倒也不妨的，因为痰也可以不向盂中吐的，何况洗过茶杯的白开水！

茶杯洗净，谗水等都吐过几口，茶也开始叹一两口；生切或熟

陶陶居茶楼　摄于 1920 年代

烟或烟杆儿亦可以应时而抽了。茶话几句，有女招待的和她们也搭讪搭讪——广州近来已不用女招待了，但在香港还是可以一亲芳泽的——点心随后一批批地送过来，任你选择，质量要精，名目也要新颖，分量少些不妨事，否则不切“点心”二字的实在性，却是“点肚”或“点胃”了。有两句广州流行的俗语，很可以为这生活的艺术的原则的：“少食多滋味，多食无回味。”这不啻是点心的宣传大纲提要了。另又有一句是：“食野食味道（野 = 东西），睇戏睇全套。”这是叫人吃食不必像牛嚼牡丹似的意思。根据了这一条原则，那么，无论吃大菜或点心，多侧重于滋味，却不在乎食前方丈般的数量和风卷残云般速度也。吃喝的态度既要如是其优游安定，坐个把钟头的破费亦不过两三毫钱，有连请客也在内了，一天几顿，不是大请客的喝法，也花不了多少的，不过无论如何，食费总占了个人入息的一大部分了。

依照生存竞争的道理来说，在这旋涡之内，凡不以滋味为重的食品，自遭“除掉”，而不会弄有味道东西的厨子，也在“天择”之列了。要创造或保存着本号食品的声誉，第一要请厨师，第二要请名副其实的易牙再世似的好厨师。一个好厨师在广州的月薪约可得两三百元，另外还可以兼差。他的工作不用动手，不过尝尝味儿，教教方法，使中厨师小厨师们有所遵循，以资鉴定而免出丑罢了。他的生活，较之时下会掉枪花的博士教授们冠冕堂皇得多呢，也许。厨师的生存竞争既以滋味为马首是瞻，点心和食品的一切艺术上的创作就天花乱坠般地层出不穷了。“食在广州”的口头禅由是毕竟名不虚传了。

抽、吃、喝的中间儿，用得着牙签去刺刺，吃后仍然似刺而非刺地含在嘴巴里，直到无意中才放弃过去。临了，向例有槟榔以殿其后，因此赏给伙计们的小钱，亦名曰槟水。近来或者因为某种空气紧张的缘故，革新得很快，槟榔已不如北京的豆蔻通行了，伙计也不向客人讨小钱，不过槟水例多加一就算了事。

在较大的茶楼里，还有“女伶度曲”以供茶客的品评，从前是瞽姬的，于一口一口地吃喝风度之上再加以锣鼓的喧闹，管弦的呕哑，歌声的嘹亮，奇形怪状的形形色色，不禁令看官们有悠然神往的趋势了。

品茗，原是古雅地喝茶的变名，比饮茶又要美化一些了，像咱们广州般的品法，这茗大约不至于虚负了！一口一口地喝，一啖一啖地吐，一股一股地抽，一点一点地嚼，广州人的风味真是雅致！

春意早已阑珊了，想起南方的景况，也还是一样的安闲，不禁神往了。现在计起，倒数到从前，总算南海之滨是幸福的地方啊！有人造反，却仍然保存着安闲，这种幸福不令人留恋，还有什么足以令人留恋啊？哈哈哈！

（《贡献》一九二八年第三卷第三期，原题《广州的抽、喝、吃》）

冼冠生：
广菜注重本位，厚浓的上汤，与众不同

冼冠生（1887—1952），广东佛山人。创办上海“冠生园”并发展成全国首屈一指的食品集团，分店和销售网络遍布全国，秉持食品工业救国之旨，有民国食品大王之誉。冠生园至今仍是不少地区特别是上海的著名老字号企业。

广州深得人文和地理上的优胜，因之饮食一道，亦无处不表现其烹调的技巧，“吃在广州”的一句俗谈，我认为是最恰当的批评。

光阴正像白驹过隙，本人经营食品事业，转瞬已届三十个年头，驽牛之材，当然没有重大的发现，而本刊主编，希望“食品”“文艺”“修养”和“兴趣”的四个取材对象，都达到某种程度，每种稿件，特请专家撰述，不才如鲰生，亦承再三嘱托，盛情难却，乃一谈广州的菜点。

广州土菜，形式口味，和京苏不同，例如咸蛋蒸肉、咸菜炒牛肉，江浙两省，或许以之当作家常的菜肴，其他像花生煲猪尾、萝卜酸溜猪爪、白豆烧土鲮鱼、莲藕煲猪肉汤，那可说广州的特菜。烹调得法（常用姜葱陈皮），自是风味绝佳，即于卫生一道，也大有裨益。就说白豆吧，蛋白质很多，外皮虽多木纤维，但烧透之后，也容易消化了。土鲮鱼是广菜的主要原料，鲜味很可口，价亦便宜，鱼肚、肠、肺，脂肪甚多。

广菜的所以得名，很有几个特点，自非上述的几味家常菜所能控制一切，而现代的花样翻新，便是一个发达原因。广州是省政治省经济的纽枢，向来宦游于该地的人，大都携带本乡庖师，以快口腹，然而，做官非终身职，一旦罢官他去，他们的厨司，便流落在广州，开设菜馆，或当酒肆的庖手，维持生计。所以，今日的广州菜有：

挂炉鸭，油鸡（南京式）；

炸八块，鸡汤泡肚（北平式）；

炒鸡片，炒虾仁（江苏式）；

辣子鸡，川烩鱼（湖北式）；

干烧鲍鱼，叉烧云南腿（四川式）；

香糟鱼球，干菜蒸肉（绍兴式）。

关于点心方面，又有扬州式的汤包烧卖。总之，集合各地的名菜，形成一种新的广菜，可见“吃”在广州，并非毫无根据。广州与佛山镇之饮食店，现尚有挂姑苏馆之名称，与四马路之广东消夜馆相同。官场酬应，吃是一种工具，各家厨手，无不勾心斗角，创造新异的菜点，以博主人欢心。汀州伊秉绶宴客的伊府大面，便是一例；李鸿章也很讲求食品的，国外都很有名，他在广州，第一人发明烧乳猪，李公集会汤，都在李府首次款客之后，才流传到整个社会；岑西林宴客，常备广西梧州产之蛤蚧蛇、海狗鱼、大山瑞等，近则此种风味，已吹至申江之广式酒家。

关于原料一点，广州确有它优胜所在，食料既非常讲求，手续亦十分仔细，所以鸡猪价格，固然高贵，而肉味肥嫩，别有风味，也为他处所不及。气候与食品，两者更有关系。广州气候温和，系大家习知的事实,气候一占优势,物质自然丰富。就是说冬令腊味吧，广州有和煦的西风，吹着大地的一切，腊味制造，便不会发生冰冻的弊端。

我再说广东的烹调方法,借此结束本文。原来广菜注重本位——厚浓的上汤，与众不同，例如说贵族家庭的日常饭菜——烧豆腐，先用火腿鸡肉，或以瘦肉，制成一种上汤，再和豆腐同煮，自然豆腐风味，鲜美异常。这也是广州和其他地方，烧菜全仗重油者，可说是绝对两样。在理论方面，我尚认为广菜的物质配制，也比较略为高明。

（《食品界》一九三三年第二期，原题《广州菜点之研究》）

涂景元：
“广东菜”几乎成为摩登食品

涂景元（生卒年不详），广东人，毕业于岭南大学，在穗主编《广州杂志》，后任南京铁路管理处主任，与曾任国民党中宣部长的梁寒操等友善。惜早逝，梁挽词甚哀。

一、本文之“广告”

“食在广州”一语，诚与“广东是革命的策源地”同属轰然在人耳目间；而“广州食谱”四字亦随革命军北进——至少在上海，成为动人的招徕口号，招展于南京路各大酒家楼头；使见者往往与革命党——国民革命军联想而为一。是则广州之“星期美点”在日夕享用已惯，舌根已为此种食味所麻醉者当然视为无足重轻。而广州以外之人士心以为新鲜可口也无疑。即以上海之已尝过“广州食品”者而言，恐仍不免有“不是地道”之叹。《红楼梦》之“见土物蘁卿思故里”，一般作客之“广东先生”岂无同感？此吾之所以愿将本地风光举以告读者，是为“星期美点”。

尝见上海某刊物为聊备一格之故，往往谈及广州，固以广州之

"口味"——抗日——十九路军——最近之美人鱼，易使人有新鲜别致，特别醒胃之处。于是"广东菜"之几乎成为摩登食品，为一般刊物利用奉客，有意无意间将"广东菜"弄成一塌糊涂。食客之明眼者当然有"不尽不实"之感想，甚或对于该刊之其他部分亦起怀疑，此辈特广东片面之损失而已耶？兹为纠正"广州食谱"起见，借《人间世》一爿地位开张，并加"货真价实、童叟无欺"字样于其上，以为开张"广告"。

二、大华烈士园游会

本刊之《东南风》作者大华烈士，广东土产也。是读者所稔知，而有欲知其最近行踪者，本人虽未得其同意，亦在所不计将其在广州"园游会"一幕报告如下：烈士此次偕其新夫人杨玉仙女士遄返故乡，第一次宴客即假座广州最著名而资格最老之酒家——南园——园为清代岳雪楼主人孔氏物。名字依旧，园林之胜为此邦各酒家冠。园之中心曰赤雅堂，茶资最昂。是日烈士择其邻座开会（是否恶其"赤"，抑或利其价廉，待考），来宾尽忘形交，客到较主人为早，不知为急一见新夫人否？人数仅一桌而未"十三"。开会时，主人夫妇相对就主席位，肃客入座，点心入度，热荤四盘，味殊不恶，故费亦"略资"。来宾中叶君后至，主人怪其迟，谓"点心不再矣"。叶谓："园游时间太晏，饥不及待，已用午膳来。"主人笑顾我曰："可！彼已用膳，热荤四度盍撤销?!"吾未及答，举座哄然，认为与《九国公约》，及“军缩会议”有同等重要，应予维持。叶君尤“慷他人之慨，激自己之昂”，谓:“不能‘以饱例人’，誓反对到底。”语未既，菜亦继至，一场波折，已采用圆桌会议式“全部”“直接”解决于谈笑间矣。斯时酒已二巡，或大言炎炎（苦热也），小言沾沾（自己催眠也）。虽未及“上下古今”，然亦极“东南”“西北”风味。笑声恐不免“绝倒”邻座，幸未知为《东南风》作者，否则不免受记者包围（烈士固立法委员，且健谈，记者往往喜就之），至少亦给茶客饱看“风头”，或给女性们偷看新郎也。是日女主人衣饰雅淡，入时而不摩登，襟头缀黄白玉兰一朵。丰容盛鬋，幽香袭人，似不受烈士影响者，故座间暑气不因风扇而消。吾因事先退，其如何结束，将由烈士在东南风实报实销。

三、荔枝时节

“日啖荔枝三百颗，不辞长作岭南人。”此坡公原为“荔枝终老”句也。荔枝动人耶？抑因其受过文学化而趋承者多耶？顾荔枝之佳，自有其不可抹杀处，似不受坡公影响也。“一骑红尘妃子笑，无人知是荔枝来。”荔枝地位，已从一个穿雾縠之浴衣，持蒲草之凉扇，拖通纱之绣履，急不及待倚栏渴望一滴甘腻的荔枝果汁润其不能再忍之馋吻者烘托出来。“妃子笑”遂演成一种荔枝名字，亦岭南佳品也。吾每于其始上市嗜之，终而后已。幸而市侩们不解其中香艳的典故，及欣赏其芳名者少，否则将与“增城挂绿”同为穷措大之我，可望而不可即矣。

“增城挂绿”为广东增城县某寺门唯一产物，清代列为贡品，除非三品以上之守土大员，始有一尝之机会，否则未许正视也。迩者皇室虽倒，而荔枝亦未能平民化，仅仅小官僚化而已。一等三级以上之荐任官，有时亦可以一尝。仍属非卖品而为馈赠品。（荔枝每四枚为一匣，匣为玻璃镜及织锦所制。）然产量有限。此外“增城”而不“挂绿”,或“挂绿”而不“增城”,则随便可得而食。“挂绿”云者，指其果之外皮夹缝中一线绿故也。

“妃子笑”以香艳称，“增城挂绿”以贵族称，然食味均远不如“桂味”。“桂味”产番禺萝岗洞者负盛名；洞有寺，祀明代某儒。寺之建筑设计尚佳，冬天赏梅，夏天啖荔，而无果不有，无花不香，萝岗洞诚广州人士及时行乐之所也。前清张香涛督粤时，尝会文酒于其间，至今题壁，尚刻划流泉，映带左右，当年盛况，可以想见。年前霍乱病盛行时，市人相戒食生果，然游人啖荔枝之豪兴，仍不减往年，“桂味之味”，其动人也如此。

次为“糯米糍”，糍本广东糕饼名，以锡荔枝，盖以其满身是肉，饥肤甘腻，与糍相类。视“桂味”之爽脆而微带辛香，尽“三百颗”而不饱者，殆玉环、飞燕之不同，无熊掌与鱼之取舍，有时仅以产量之丰歉而低昂其售价而已。

又有以“黑叶”名者，质亦香甘爽口，仅亚于“桂味”。产量较多，故售价亦较廉，荔枝时节之娄尾星也。“玉荷包”上市最早，人以其状类荷包，故名。食味殊无佳处，以早熟故能博急色者欢，亦荔枝之幸运儿也。次为“新兴荔枝”，仅得一“香”者，余无可取，产新兴县，市上不多见，故非尽人而知。尚有“火山”一种，了无是处。偶假“黑叶”牌子欺人，多干制之为旧式婚礼用品。

荔枝之味有不尽同，荔之色则无不同也。荔无媸妍，莫不渥如流丹，映霞斗彩，过荔园，目为之炫。或夹岸垂堤，临流照水，如美人出浴图，故“荔娘”不特其肉诱人，色亦迷人也。

啖荔者趋萝岗洞，“逐丽”者趋荔枝湾，湾已不产荔枝者久矣，而“荔”名犹挂人齿颊间，“荔枝湾”，殆指其全盛时代耶？清代海山仙馆，昌华苑是其前身，最近客死上海之剪淞园主人潘兰史氏，其近族也。或谓湾似上海半淞园，饶“曲线”美，此间“大众”推为消夏胜地。潮水涨时，绿荫深处，一舸舢板，不知撮合几许摩登男女。昌华旧苑已在“大众”模糊意识中，现易以荔香园名，主人陈氏，今行政院长汪精卫夫人母氏居也。

园大可百亩，其中杂生果树，荔枝早为所掩，硕果可见者仅三数株而已。园内曲港，可直通省河，固西郊水上运输孔道也。水长时货船丛集，每与洋舢板争道，一时十数艇追逐而至，挤拥不开，艇中男女，乘机乎视不瞬。故有利其艇之挤拥者，或谓艇家故作恶剧以博客欢，其然岂其然乎。湾内既为运输孔道，亦为排泄孔道，两郊之粪艇，固所从出。当年汪先生游园，其题壁云：“……十里荷香撑屎艇，道是晚凉天气，鱼生粥，真堪啫。”盖纪实也。词句一时传诵，惜不复全忆。或嫌其率，不为舅家少留地道，然足见先生之真。亦无以荔湾之浪得其名，摩登男女之逐臭可耻？然摩登男女岂尚以

海珠公园　摄于 1930 年代

先生之臭为臭哉?

“鱼生粥”为荔湾著名食品,亦主要食品也。卖粥者放瓜皮小艇,粥之材料为鱼肉、鱿鱼、海蜇、炸花生米、虾子、五香等，切丝成片，各载以盘，和之为粥。而五色之材料，杂陈艇后，缤纷相映，谐合入画。艇首置瓦巨埕一具,大可容二石粥,备一日之需也。自午至暮，炉火常温。游人有尽三四碗犹以为未足者，喜其“野味”也。继而香港之“安乐园”，亦以“艇仔粥”款客矣。其影响于食客也如此!

湾内亦有卖“咸酸味”者，以为食粥者消化之助，物品整洁，售价亦昂，嗜粥者无不嗜之。亦有叫卖荔枝者，类皆放艇中流，珠娘软语,不让吴侬。身穿黑胶绸衣,大都健美。与游艇中之粉白黛绿，相映成趣。湾之对岸人家，各因其近水余地，作亭台小筑，凭览游人，亦具肉、竹、管弦之盛，与园中各酒家众响遥相唱和，湾之条件，于矣完成。

广州市政府近有荔湾公园之设计，以其有公园之实，而无公园之名。故设计公其园，谁知园尚未公，而昔之弯弯曲曲者，畅快牵之使直，填水成陆。园之西为游泳场，夺取荔湾之“曲线”，而代之以“直线”，则早在公园设计之先矣。

一九三四年六月，芒种，于广州东山

(《人间世》一九三四年第九期，原题《广州星期美点》)

招桂熙：
他们的生涯，除在床上外，余多付于喝茶

讲述人为广东人，具体事迹不详。

广州的茶楼分数种，最劣的是“二厘馆”。因为从前只是二厘银一盅茶，故名。今日也要一分银起码了。这二厘馆是专容纳一般苦力的，里面放着一二十张木桌，桌面散放着如“拆口枣”“油炸脍”等大件而价廉的食物，堆得满桌，看去好像再没有空暇的地位，使人有不再留余地之感想。但在苦力们的眼中看去，我想是很中意的，他们是以量胜为美。他们多是五六个人共围坐一桌，多是互不相识的。坐下后，便有茶倌来叫要什么茶，普通茶楼是水仙、龙井、普洱、红茶任叫，但在二厘馆多是只有杂茶，所谓杂茶即是翻渣茶叶。所谓翻渣茶叶即是从上级或中级的茶楼里取来的客人喝余的茶渣，再晒干，再炒焙，或加颜色便是。所以是只有杂茶。这种杂茶我也曾看见在一片空地上晒着，人践狗踏，人唾狗溺是无所不有的。他们虽然叫了水仙或普洱，但结果仍不离乎杂茶。叫了茶后，便开始喝

吃。他们吃量大,所以不一刻便吃了十来碟食品,水也冲过十来次了。因为人多，所以是喧闹不堪，粗言秽语累累如贯珠。在热天的时候，更汗臭熏天，普通人是一刻不能久居，但在苦力们早已是津津有味的了。他们挑担拉车之余,得此时间休息吃食,真是地狱中的天堂了。

下级茶楼——不能称楼，只有地下——我是没有到过。但偶尔到了乡间，也要尝尝这种风味，那时节，因为是独一无二，也感觉另有风趣。若能从窗口处远眺野泉,葱茏苍翠,溪流萦带,浮云掩映,自有一番幽致。

下级外是中等茶楼，即是普通茶楼。多是三层或四层。从前最高处座位最佳,茶价最昂,今则此风已易。因为登到最高处不免吃力,上等人是颇觉厌恶的。所以改为二楼三楼茶价最昂。至于地下则不成高雅，仍旧是最廉。座坐最佳者，现通行玻璃台面，四旁亦玻璃，可以窥见台中的种种食品。旁可开阖。这种设置较为有益卫生，并属便利。台是长方形，椅是多用杨枝的，冷天兼用坐垫，颇觉高贵。四壁开窗，异常通畅。没窗处便悬挂古今名人字画，或食品谱。点心是由茶馆用大蒸笼“托”来售卖的，热腾腾，大包、虾饺、粉卷，新鲜美味。这里的茶，虽然未能称最上等，但也可算上等。

上级的必推茶室，这是近数年来方有的，上等人多趋于此。有些是独营，有些是酒楼附设。如半瓯茶室、山泉茶室、龙泉茶室都是颇有名的。里面的食品不像茶楼之由茶馆把来售卖，是由茶客预点，然后由茶馆送上来。台上绝无半碟食品，简直一些东西都没有，窗明几净。有些酒家所附设的更陈设华丽,云石的台面,雕花的座椅,地上及墙壁皆洁美无伦。所悬着的或有顶名贵的古人真迹，令你流连欣赏不置。所喝之茶是选择普通是最优的（不致是特殊优美），无论红茶绿茶，均加以香花瓣，清甘留齿颊。所用以盛茶的普通是“局盅”，状如碗，加一盖，茶从盖下之张缝倒出。近有改为壶者。座位不过密，所来的无臭汗逼人之辈，时在午间，约同二三好友，携了一两份大报及小报，慢慢地吃喝，一面谈笑，上下古今，大小闲要，均在品论之列，报纸则徐徐览阅，任它岁月飞逝，我的闲暇，是天老地荒都不衰歇的。有些更设棋亭，弈客在此终日，有些兼唱女伶，大可以餐色乐音，一切一切，都是苦闷人之消磨岁月之地。

到茶楼者，目的一半在吃东西，一半在消闲，有茶慰癖者每日不到茶楼，心常郁郁，有些更早午晚均要一到茶楼，他们的生涯，除一部在床上外，余多是付于喝茶之上。

（《人言周刊》一九三四年第一卷第七期，原题《广州的茶楼》）

英　弟：
喝茶的时候，规矩不少，茶楼顶讲究这个，不能犯上

讲述人为广东作家，具体事迹不详。

一

吃喝都是广东人的特长，而尤以喝茶一项，除了广东人就没有人懂得其中可贵的地方。

在广东，无论城、市、乡、镇、墟、集，都至少有一间或一间以上卖茶的铺子。大概说来，每五百人口就需要一间茶馆，假如某地方的人口四千，那就非得有四间的铺子不够供应。

以广州而论，卖茶的铺子大小就有三百多家，在广州商场上占一重要的位置，每年营业额跟米行不相伯仲。最近闹的一次劳资纠纷，把内容完全揭出来，原来区区一间茶馆，其组织却比百货公司还要复杂，工作人员的分类和所订的服务规则，完全适合“科学管理法”。其次资本输出方面有“公会”，工人方面有“工会”，都组织

很严密的。

开茶铺很不容易。先就资本论，开手就非四五十万元不办。因为多数是一个“托拉斯”，下面拥有几间大茶楼和好些小茶馆以及几间材料供给处。他们把馆子分配几处繁盛地带，组成一个网样的经营，就广州而言，例如“东如”“西如”“南如”“惠如”等属一公司，“巧心”“品心”“泉心”等属另一公司。其余像“云来阁”“占元阁”“元香阁”等“三阁”,或是“中山”“龙山”“金山”“香山”等“四山”。也有把几十万资本通放在一间馆子的，例如“吉祥”和“涎香”是。

另外做生意的手腕、工人的管理、内部之改良等，非混得烂熟，这种生意是不好试尝的。

二

分析来说，广东的茶馆可分三等。

一种是下级的，叫“二厘馆”。“二厘馆”的命名由来已久，因这些地方卖的东西，一律每件二厘银子（这就以前说，目下当然不止此数），是专门供给那些贩夫走卒吃喝的地方。铺子是平房，里面摆满了桌子椅子，陈设零乱，地方污浊，装璜更不必提。“二厘馆”最大的特点，就是把厨房设在门口，以为招徕工具。经过这种铺子，门口总是乌烟瘴气，一股儿的油臭味，里面是模糊的人影骚动和凌乱嘈杂的人声而已。招牌是小小的一块，多是黑底金字或黑底红字，随便挂在一个当中的地方，不是给煤烟弄坏了，就是挂得太高，很难使人看得清楚。好在到这里来的人都是一定的，附近的工人，或是每日必经的顾客，他们不必费心找。这种店卖的东西特别便宜，多以饱饺、烧卖、粉面及油器为主，只论多、大；精粗美恶，一概不管。可是味儿却不能差，广东人就有这一种本领，顶能辨别食物的味道儿。

另一种是高等的，名叫“茶楼”。因为是楼，所以房子最少得有两层，而三层、四层是很多的。“茶楼”讲究的是门面装饰，单这一项，每就花上好几千银子，装璜以耀目为主，花饰多为龙、凤、山水人物等，颜色用朱红、金黄、翠绿几种。其次是注意家私。家私的材料必须广东特产的“酸枝”木，据说这种木是冬暖夏凉的，而且地方要通爽、光亮，比较整洁。一进门，迎头就是一块顶大的招牌，由名书家题上“××楼”三个大字，两边挂红，好不惹眼。进门是一间大堂，顶大顶大的，左边柜台，右边一把大扶梯，足够四个人并肩齐走。普通楼下不卖座，二楼茶价最低，三楼较高，四楼更高，一句话，楼愈高则茶价愈贵。而每层楼又有前座后座之别，大抵前座近马路，可以看人来人往，后座少了一面窗，所以价钱也便宜，但卖的点心食物，却是一律价钱，不分彼此。食品最低二分四厘起码，以至一元几角不等，普通多是半毛小洋。来喝茶的九流三教，不比“二厘馆”专靠贩夫走卒。

第三种是新兴的，叫“茶室”，因为是“室”，所以里面多是一间一间的小房子，通常设在二楼，没有铺面。招牌挂在扶梯顶上，名字儿顶那个，什么“兰苑”“陆园”“亦山”“桃苑”“白金龙”“五

莲香大茶楼　摄于 1940 年代

月花”，一时也说不了。招牌不大，但讲究，不是玻璃的便是白铜的，也有用树皮、用士敏土的，也有装上霓虹管的。茶价贵得可以，起码八分，外加香巾费、酱醋费、瓜子儿，总共至少每人先花上一角五分左右，小账另计。卖的东西比茶楼还要精细，每星期更换一次，叫“星期美点”，价钱一角小洋起码。房间里面的家私，名贵得很，地方更加清洁，招呼格外留心。有一家顶阔的，一间房子里面的家私，就值六百多，沙发椅、铜台灯、江西茶具、象牙筷子，冬天电暖炉子，夏天电风扇子，叫人用电铃，吸烟用电自由火，一切一切都舒服极了，不过就是价钱贵一点儿。可是这并不相干，光顾的尽是政客、阔佬、公子小姐；普通的人，除了有特别用意外，不敢光顾。

前面所说的三种茶馆，却不同属于一个“同业公会”的。“二厘馆”和“茶楼”，属“茶居公会”，“茶室”属于“酒楼茶室同业公会”，不相合作。

前者的工人有“工会”，后者没有。听说近来后者很能赚钱，所以“茶室”目下是愈来愈多了。

三

上茶馆的时间每日是早午晚三趟，但各铺子开门做买卖的时间却不一定。有在午前四点开市，是一些专做工人和小贩生意的。也有下午十二点才开市，却一直到晚上十二点的。普通是早上六点至十点算早市，下午十二点至四点算午市，晚上七点至十一点算夜市。

茶楼的规矩跟茶室很不同。

点心之类的东西，茶楼是派伴当轮流拿到客人面前任择的，卖点心的边行边喊，所以茶楼很嘈杂；要是想吃饺子，只好等叫“饺子”的上来才有处买，急不来的。茶室则不然，预先把点心名字价钱印好，客人想吃什么随时告诉跑堂即随时送来，非常便利。

喝茶的时候，规矩不少，茶楼顶讲究这个，不能犯上。比如，把一盅茶喝完了，在茶楼，只须盖子揭去，跑堂的经过看到了，自然给你加上开水，然后再由自己把盖子盖回，可不能乱喊“伙计，开水”的。这个上茶楼的都晓得，从没有人出花样。假如真有乡老犯了这毛病，任你如何喊他，跑堂的总不会给你加上开水，这是最紧要的一点。反过来，“茶室”的跑堂到相当的时候自然会进房子加开水，用不着费心，就是喊他，他也乐意。少麻烦。

时候到了一定要离开茶楼，规矩是把他自己的东西检齐，就可以走向柜上，准备结数，不必招呼伙计，他自然会赶着给你计好。常常你不会走到柜上，数目已经算好喊出去，这时你会佩服他们加法的本领。可是喊出去的数目，并不以通用银元为单位，而是以净银计，小洋一角值银七分二厘。这个数目很难算，比方喊“一钱八分”,那就得是两毛半小洋。不会算,没关系,当掌柜的除法也很可以，不假思索地就告诉你那是几角几个铜板，万不会错。同时因为台子没有号数，有时几张台子的人客同时离开，怎办呢？伙计便把客人做标志,什么“三个人开来……”“大细人开来（父子俩通用）……”等等。爱掉巧儿，就把“礼拜”代表“七”的数目，把“揸住”代表“五”的数目。因此，在茶楼喝茶，常常听到一些什么“大细人开来，一钱礼拜揸住”等不明不白的话了。

再说，茶室就不兴这些个，一点也没有。账单上开得清清楚楚，后面写的是几元几角几分，由跑堂的用银盘送上，代你找账。不过，小费也得照例抽多少。

二者比较，茶室较茶楼舒服、明白，少麻烦，清楚，可是不便宜。我爱上茶楼，因为真正喝茶的艺术，广东茶馆的特有风味，在茶室就无从领略。现代化的茶室，毫无值得赞赏的地方。

四

每一茶馆，都有它特殊的顾客。贩夫走卒、买卖经纪，大官儿、小官儿，玩雀鸟的、赛象棋的、当教员的，却各有日常聚集的一定铺子。其余太太小姐、娼妓歌伶，也多拣一两间顶贵族化的茶室消遣。也有专门给人家介绍侍妾见面的馆子，就在不久以前，还给公安局干涉过。

一句话，广东人的日常生活、商场交易、国家大事，以至青年男女的恋爱进行，哪一件不在茶馆内解决？朋友俩分别了，若还有些未了之事待商，往往都是说：“明天 ×× 见！”这个 ××，便是一间茶馆的名字。

到茶馆的人有三种。第一种是专为消闲而来，简直是成了习惯，每日非三次到老地方坐上个把钟头不会舒服；到时毫无聊赖，喝一杯茶，翻翻日报，吃两件点心儿，也就完事；这叫老茶客。

第二种是有为而来，或是跟朋友商量一件事，或是明买明卖，或是串同舞弊，不一。在茶馆内商量事体，少有不成功的。

第三种是专为吃东西而来，以青年学生居多。来时气冲冲，一坐下，来不及喝茶，便找东西吃，卖东西经过，包子一吃十笼，饺子儿起码二十碟，有来必取，乱了一阵子，十分钟内肚饱而去。这比较少见。

广东人朋友碰到了，第一句话是："到哪儿？"接着看手表，如果不太晚，则第二句必是："喝茶去！"于是彼此同意，到了茶馆再说别的。

平日，你别想看得出广东人的脾性，可是一到了茶馆，就也奇怪，他们真性便流露出来，什么秘密也会从此泄漏。茶馆也是谣言制造所、秘密广播台，多少政客和投机分子利用这些地方达到目的，得到不少好处。

如果有空，请坐到茶馆里去静看，则世人心事，无不看出。就是漫画家到了这个所在，也只有不知所措。

茶馆是广东人的命根，没有它，我担心广东人不知道要怎样！

一九三五年一月二十三日

（《人间世》一九三五年第三十三期，原题《广东的茶馆》）

张人权：
四大酒家，虽上海的陶陶、杏花楼难比其什一

张人权（1910—？），生于南京六合棠邑。上海五洲药房高管，曾被公司特派两广考察处理商务，写下多篇关于广州的文章在公司主办的《小五洲》发表。

中国人是世界上得天独厚顶会享福的民族。自古以来，不论贫贱富贵或是贤愚不孝，他们一贯的标准“双料观”——人生观、人死观——都是在“养生送死”四个字里打圈子。俗语说得好：做人要做“生在苏州，穿在杭州，吃在广州，死在柳州”，能够这样，才算得不负虚生一世。但是“生死有数”“一饮一啄，莫非前定”，哪里可以任你随意地拣呢？

提起生、死、吃、穿的“四大名州”，我倒是有幸一齐到过了。不过我根本上没有“生在苏州”的命，在杭州只晓得玩也从未想到穿的身上去，至于柳州的死，像这样一个年轻小伙子，在不会想到“活不耐烦”的时候，那更是无缘无福消受过。以上四者，独有“吃在广州”这一门，因为我有寓居两年历史的关系，的的确确是有份儿讲的了。

我一向说广东人是最伟大而富于冒险的。这不是夸大，你看好

几次革命的发动，最先不是大多数靠广东人吗（太平天国的领袖洪秀全是广东花县人，中华民国的创造者孙中山先生，更不用说）？再看离开祖国分布在全球奋斗的侨胞，也不是大多数属广东人吗？这些大道理，离题太远，我们暂且存而不论，还是掉转笔头来谈“吃在广州”吧。

谈“吃在广州”，先要谈广东人的吃。

广东人的吃，我敢武断地说一句，他们大概除掉“人”是不吃以外，什么都是吃的，像蛇啰、狗啰、猫啰、盐蛇（壁虎）啰、乌龟啰，马骝（猴子）啰、田鼠禾虫啰……简直没有一样不可以“适口而充肠”。

譬如单讲吃蛇吧：他们也要吃出花样景来，有的叫作三蛇会，是金脚带、过树榕、犯铲头三种蛇的合制品；还有的叫作龙虎凤，是蛇猫鸡三种合制品。听说制蛇馔的厨师，手续第一要干净，因为蛇身上的骨头是含有毒质的，倘然一不小心将蛇骨混入菜里被人吃下，那就性命交关非同小可了！——几年前广东有位名外交家就是不幸吃蛇中毒而死的。

在珠江的对面叫作河南，在河南的一个角落里叫作凤凰岗。那个地方有十来户人家专靠卖狗肉度活，他们美其名叫狗肉为香肉。我每次到太古码头去总要经过那地方，看着一串串的狗尾巴挂在架上，嗅着一阵阵熏风送来的香味，我已经要“掩鼻而过之”了，不料他们犹是盛意拳拳地要招待我进去试试口福，但我始终没有这种勇气尝一尝“过狗门而大嚼”的风味。

此外,我们不论走到哪条大街小巷随时可以看到摊头上放着“龙虱”“桂花蟾”这两样东西(好像上海人叫五脚虫的一样),我虽尝试过,但终久不能下咽。可是他们广东佬常常若无其事地一个一个地塞进嘴里吃下去,还要声声不住地说是补肾妙品,好靓的嘢呀?

今年省会公安局德政,说田鸡(青蛙)能捕害虫,有益于农作物,出了皇皇告示禁止售食。所以,我们不论走到哪家馆子,要想点一味广东特制的田鸡饭,那些伙计们总是拖长了喉管回你一声“冇”(粤字作没有解)。

一年四季在广州要吃的水果很多,什么橙、橘、柑、柚、杨桃、红柿、沙梨、香蕉、甘蔗……每年出口数量亦很惊人。现在夏天到了,最出名的特产鲜荔枝已经上市,今年又是熟年丰收,所以售价特别便宜,每斤仅值小洋一毫。据说广东东莞县出产最多,另以增城出的“挂绿”一种最为名贵。在广州只有糯米糍、黑叶、淮枝、桂味几种。此物曾经“有聊诗人”苏东坡捧过“日啖荔枝三百颗,不辞长作岭南人”两句诗,从此“一登龙门,声价十倍”。

广东有种普遍的风气,就是无论何等人,每天总要饮几次茶,早上最要紧的是“一盅两件”,晚上是“宵夜”,因此广州市内的大小茶楼茶室之类,就多得无可统计了。其中规模最大的,要算西关的陶陶居、莲香楼,城内的惠如楼、吉祥楼、涎香楼、半瓯、五月花等。

至于广州市内最有名的菜馆,当然是首推“四大酒家”——南园、文园、西园、大三元,中以南园为最大,虽上海的陶陶、杏花楼亦难比其什一。西南要人豪绅们请一台酒，往往要耗资百元，甚而至于用一碗鱼翅就要几十元，好像非如此不足以显示阔气似的。不过我们同时看到蜷伏在菜馆门外大多数终日不得一饱的朋友，他们好容易挨到深更半夜里讨点阔人们撤下来的残羹断肴吃下去，觉得三生有幸到底是天无绝人之路呀。但有时连这一些都讨不着，还要遭受菜馆里白胖呵呵的侍者们一顿抢白说，倒给狗吃也不给你吃，那些饥馑而带“菜色”的朋友也只好失望地走开，拾些柚子皮或烂香蕉之类充充饥肠。我们想：如果我们闭着眼睛拿这一群在饥饿线上的同胞的“吃”来代表“吃在广州”的话,那真不知“人间何世”！诗人形容得最好：“朱门酒肉臭，路有冻死骨。”我想是“走遍天涯一例看”啊！

（《小五洲》一九三六年第一卷第一期，原题《吃在广州》）

孟传安：

粤人嗜茶成癖，每日不至茶楼一叙，即觉不适

讲述人生平不详。

十八日本刊载有舍利君《广州的茶楼》一文，惜言之未详，与事实亦稍有出入，今据所知者，拉杂写来，狗尾之续，祈勿见讯也。

粤人嗜茶成癖，每日不至茶楼一叙，即觉不适，故茶楼应时而起，多如过江之鲫，无论大街小巷，必有三四点缀其间，而其种类可分为四，曰“茶楼”“茶室”“茶居”“茶寮”。

茶楼设于繁盛马路中，建筑伟大、陈设辉煌、茶具精巧、点心可口，茶资稍昂，间或请省港著名之女伶，轮流歌唱（如月儿、奔月、华娘等即出身其间，亦由此成名），清歌一曲，以娱来宾。前排座位，每盅五角至一元，非经济充足者，不敢尝试。最著名之茶楼如西濠口之“陶然”，惠爱马路之“惠然”，粤秀路之“越秀”，小北门外之“红棉”，长堤之“一景”“大三元”等是。

茶室多赁楼上开业，布置雅洁，座位无多，茶资分五分、一角

两种，所制之包点，玲珑适口，茶博士招待亦周到。此中最著名之茶室，为公园前之“公园茶室”，惠爱东路之“五月花”等，茶客多学界中人。

茶居设于小马路，范围狭小，布置简单，而茶资非常便宜，每盅不过分二、分八、二分四，点心如叉烧包、虾饺、烧卖、粉果、马拉糕等，每碟两件亦不过两分而已，一般经济家多往就之。如中华北路之“叉栈茶居”、中央纪念堂前之“德宜茶居”，为彼中之佼佼者。

茶寮多设于穷山僻乡间，临溪而筑，以茅为棚，一桌一几，别有风趣。多用泉水烹茶，泉水甘洌，故茶芬芳，确非城市所能及。故久居城市者流，转其目光，多向茶寮中品茶谈心；每逢假日，则辟室竹战，如小北门外宝汉路之“大宝汉”“小宝汉”等，车水马龙，生涯极盛。

“茶楼上穿梭似的忙着的是卖各种点心的小贩”，此实舍利君误会，彼往来递送点心者初非小贩，乃茶主人所雇堂倌（茶博士），专司招待客人，点心亦非堂倌所自卖，全间营业完全茶主人一手经营。点心每碟两件（只鸡球大饱皮蛋酥等一件），粤市茶规，点心可退，未食者可不计数；而沪市茶楼如“陶陶”“新雅”等则原碟计算，不能退回，此外省茶客，所不能不知者。

（《申报》一九三六年八月三十一日，原题《广州的四种茶楼》）

张亦庵：
未到过广州，不易体会食在广州“在”字的奥蕴

张亦庵（1895—1950），原名张其讱，又名张毅汉、亦庵，广东新会人。13 岁即在《月月小说》上发表短篇小说《两头蛇》，作品多见于《小说大观》《小说画报》《小说月报》等刊物。1950 年 11 月病逝于香港。

某杂志里有某先生的一篇短文，谈及“食在广州”的问题，说广东菜不但烹调得法，而且色香味三者俱全。他指出了广东菜的优点和缺点，论优点，可以占全世界第一位，缺点是少变化。此外又列举了许多地方的菜色而为上海所能吃到的。结论是：“与其说食在广州，毋宁说食在上海。”因此知道这位先生也是老饕中人，否则安得如此精详细到？

在食论食，鄙人以为该文所论，尚颇有一点值得商量之处。“食在广州”这句话里所指的食，窃以为不一定专指菜肴而言，应该连一切可食之品都包括在内，菜肴仅居食道之一而已。

食之品，可大别为二：一为天然的，一为人工的。而菜肴只是人工食品中之一品，未足以概括所有食品。人工的食品，除了菜肴之外，尚有点心、糕饼、蜜饯、糖果，以及其他杂食之类。

啊！说到了这些，不由我不想起广州燕塘外沙河那里的沙河粉、荔枝湾的艇仔粥（上海滩虽亦有以艇仔粥之名出卖，但迥非此物）、九龙城的馄饨面（港九阔人往往乘好几块钱的汽车去吃一碗馄饨的）、广州各大茶居特约“三姑”手制的薄皮粉果、河南成珠的小凤饼、佛山的公盲（当为盲公）饼（断非所谓高桥松饼之流所能望其项背）、沙湾的炖奶露，又如广州所制萝卜糕、芋头糕（上海所制者尚可差强人意），济隆、万隆所制干湿蜜饯糖果（这两家所制的糖姜，远销欧美，现在上海有粤人所设之新万隆者，不制糖姜，而专销广东方法制造的广东乳腐），广茂香之咸脆花生，十七铺一带的蜜饯番薯干、草果（即是陈皮梅的远祖前身）、麦芽糖，这些东西，绝非他处所有，有亦远不能及。这些食品，大都不以色取悦于人，而香味之美，则无以复加。

至于天然出产之食品，在果品中则荔枝固已名闻世界，上海滩虽亦有广东运来的荔枝买得到，然而品斯下矣。不知荔枝之中，品类亦甚繁，最佳者为糯米糍，肉厚、汁富，而核小得像绿豆粒红豆粒；桂味亦佳品，次为黑叶，为槐枝，为大肉荷包。上海所能购得者，多是低级趣味的大肉荷包之类，盖佳品产量不多，未能供应运出外埠。至于增城挂绿，则为无上上品，不唯笔者未经寓目，即老于广州者亦未必人人能吃过。据闻增城仅有二树为此种，皮壳鲜红，而络以绿丝一线，其色其香其味，迥异凡品。帝制时代，每年结实，由地方官择其优者若干枚，专驿入贡。可怜当时尚没有飞机，所以皇帝得尝此果，已在“一日色变、二日香变、三日味变”之后了。

此外如石硖之龙眼（即桂圆）、白糖甜黄皮，花埭之杨桃、番石榴等，皆极可口，至于上海人所熟悉的香蕉、甘蔗，在广州只当作最寻常的贱品；莲藕、荸荠之类，则只合拿来放在小菜中充当起码的配角，绝对不能当作水果而登大雅之堂。

广州菜的肴之腴美，蒸制得法，固其一因，而得天之厚，也是一个重要的条件。同是一只鸡，除了烹调方法不算，其天然的肉味，广东所产的鸡总比别处的好。上海的浦东鸡已算有点资格，然而比之信丰鸡依然望尘莫及。鸡如是，猪亦如是，甚至田鸡也莫不如是。如此看来，可见得不只关乎烹制，而饲养方法也大有关系了。菜蔬中的白花芥，爽脆清嫩，也是绝品。这又关乎土壤气候与乎培植之得宜了。

在上海吃广州的食品，似乎尚有点隔靴搔痒，未曾到过广州者，真不容易体会得到食在广州一个“在”字的奥蕴。

以天产而论，固然各地都各有其名产，如洞庭山之白沙枇杷，奉化的玉露水蜜桃，天津的良乡栗，烟台的苹果、葡萄、对虾，浙东一带的蚶子，阳澄湖的毛蟹，这些东西，断非广州所能有，即如雪里蕻一样，到了广州也成为席上珍品，醉蟹一只，在广州约略等于一鸡。以烹调的方法而言，各地也各有其特殊出色的技巧，如炒鳝糊一味，如糟鸡，如酱肉，则断非广州厨役所能办得好。不过以天时地利人和（鼎鼐调和之和）三者合并而论之，则确实不能不让广州为独步。

话得说回来，目下我们正在忙着轧油轧糖之暇，户口米尚不足以充饥，正应该共苦尚未到同甘的时候，说了这一番谈饮食的废话，未免有点身在十字街头，遥想象牙之塔之感。画饼望梅，徒然令人气沮。因为读了某先生的几句话，我觉得如鲠在喉，吐之为快耳，不敢作美食主义之提倡也。

（《新都周刊》一九四三年第二期，原题《食在广州乎？食在广州也！》）

郑郁郎：
“食在广州”，现在仍然是不折不扣的事实

郑郁郎（生卒年不详），广东鹤山人。早年在香港从事新闻工作，抗日战争全面爆发后，北上韶关广东省政府机关报《大光报》任职，战后任广州《大光晚报》主编。后复赴港任《星岛日报》总编缉等，并于1966年牵头成立香港第一个公共关系专业人员协会，被誉为香港公共关系学鼻祖。

当中航机从天河机场高升了两三千尺时，鸟瞰广州全景，但见这珠江的三角洲，屋檐密布，成为五羊城的中心目标的“爱群酒店”十二层大厦，雄峙西堤；巨龙似的珠江铁桥，横跨河上，贯通南北两岸交通;红墙绿瓦、古色古香、雍容华贵的中山纪念堂，令人景仰；粤秀、白云两山，深冬减不了它们的青葱，一样挺秀，耸临珠海。

从重庆南归，在广州住了一个多月了，还未感到广州特别可爱，一旦凌空，俯视这锦绣河山，却忽然生起留恋来，也许白云故乡重睹不久，又告别离，像久别重逢的爱人，还未畅叙别情，又要匆匆重上征途一般吧，那时，我实在恨飞机飞得太快。

当飞机飞到白云深处时，我还下望，云山珠海，已不复观。我在作想：河山，美丽极了，作为一个华南最大都市的话，市政建设，还要趁着这百粤重光的时机，好好地下一番功夫。

谈到战后建设，在现代化的大建筑物、道路和交通之外，急务的还是首先要恢复都市的活力——人民生活与生产的活力。广州许多烟突冒着浓烟，可惜这多是大酒家的烟突。许多大小工厂的烟突还未见烟缕。自从九月二十日华南日军正式投降后，从粤北、岭东、川、黔、湘、桂回来的人一天多一天。职业需求一天天急迫，目前劳力酬报还可以，劳苦阶级情况还不致太坏，苦的是技工和中层书记阶级，他们的就业问题急待解决；据有关当局统计，失业的已达三四万。机器工会方面说，光复归来，技工还大半以上未有工作，他们本来都是建设期中的主要分子哟！

在贵阳服务美军机关的粤籍人员和技工约有万人，连家属约五万人，现在美军机关裁撤后，他们都要回家了，而他们的生活就要靠就业来解决的。这是广州热闹的外表背后一大隐忧。粤中人士极望当局在推行战后建设中，及早扶助生产，增加人民就业，同时更望海外及省外粤人，多予投资。

广州市区人口已增至百万以上，局面一新，各方仕商云集，谋事与做生意，都得逗留下来，这样一来，便造成了旅馆和茶楼酒店的黄金时代。旅馆因受社会局限价，房租还不算贵，比上海约低廉四分之三，可是房间一样难找，像爱群、新亚、白宫这一类大旅馆，只有先找得你认识而快要离去的住客，来一个“接收”，才能得一留宿之地。

“食在广州”，现在仍然是不折不扣的事实。食的不特好，还且多，“多”中有两多：一是馆子多，夸张一点，平均每五家店户中，有一家是卖食的；第二是花样多，单是点心一项，已经包罗古今，贯通中西，调和南北。“秋风起矣，三蛇肥矣”，蛇羹目前是最当时令的珍品，不少盟军远道来要一尝。

物价之高，远处的人必想不到。米价九月是两千两百元一担，十月涨至五千三百元，十一月六千元，现在已经八千元了。日用品、洋货和衣服，都涨得惊人。许多从重庆或昆明回广州去的人，都把衣物卖光，希望回广州买回新而且便宜的，结果吃了大大的亏。广州物价之贵，看来仅次于昆明。有人说，初期因为伪币被禁绝，商人提高物价，以取偿损失，后因大额面的红关金流行市面，刺激物价。最近港币高涨，也是一新的刺激。

交通方面，广九直通车自十月十六日开始通行以来，尚称顺利，但因机车陈旧，路基新修，枕木残坏，正点不误，也要开八小时多。市内长途汽车已恢复，营业不错。水上交通多为机动帆船和木船，自省港线“海珠”轮触雷沉没，死乘客两千多人；省澳线“昌明”轮爆炸沉没，死八十余人后，人人均有戒心，多舍海就陆，火车站有人睡着等买晨早的车票。对于轮船，舆论以为航政当局应施行更严密的检查。

广州的光复路是“广州的望平街”，《大光》《中山》《建国》《中正》《前锋》《中国》几家报社都在那里，广州光复初期有日、晚报二十多家，后被当局以未取得登记证，勒令停刊了十多家。现在除了上述几家报之外，还有《西南》《越华》《七十二行商报》和《前锋晚报》。洋报纸供给已绝，大家都用土报纸，平版机。因为印刷纸张昂贵，同时当局不许在呈请登记中先行出版，所以杂志出版不多，图书极缺乏。

学校系岭南、国民、广州等大学都已复课。中大正待新校长王星拱接事,尚未正式复课。中学复课者颇多,市立小学复课四十二间。但供求相差还远，不少青年还在负笈无门!

住，像一般光复城市一样困难。因为工料高涨，重建屋宇很少。归来的人多，大小房东乘机发发胜利财，巧立什么“鞋金”“批头”“按租”等名目，租一间房子非先付出一大批款项不可。住尽管难，但回来的终要回来的，谁都要回去看看一别五六年的家乡哩。

十二月十七日记于沪滨

（《申报》一九四五年十二月八日，原题《我从广州来》）

克　昌：
第一个招揽生意的要素是女招待

讲述人生平不详。

我以前在上海的时候，对于粤菜一向很感兴趣，好在上海不缺少粤菜馆，无论大的小的，有名的无名的，一股脑儿都是我的好去处。那时我常向人夸口，竟以粤菜的欣赏者自居。然而我那时是否真能欣赏到粤菜，是否真正能够欣赏粤菜，到现在终久成了问题了。现在我总算见到了粤菜的庐山真面目，可是它所给我许多新奇的感觉，跟我旧有的都很不融洽，这也许是“橘逾淮而北为枳”在闹的鬼吧！

广州的酒菜馆，用酒楼的名称的极少，大多称为酒家。有些称为酒店的，那便是旅邸，而不是买醉之所了。统计这里的酒家，倒也不下百余家，营业都相当繁盛。其中有少数固然规模宏大，装饰富丽，不过所谓宏大、富丽，在上海只是二三等之列罢了。其余都像上海普通饭店式的酒家，装饰虽不富丽，倒也简单朴实，而且所备酒菜，都经济实惠，这是中下等人都喜欢光顾的。还有一种最不惹人注意的酒家往往躲在污秽的街市里，铺屋大多陈旧得乌烟瘴气，说是建筑物太古老,倒又并不,只是有些不坚固。他们大多还有楼厅，踏上去摇摇欲坠，顾客们不能挺起胸来走路，否则准会震得每一个人心跳。像这一类酒家，生意却出乎意料的好，一则因为价廉物美；二则据说他们有几味著名的拿手菜，在大酒家中是绝对尝不到的，所以他们也拥有着大量的顾客，这些顾客，不想而知，是经验丰富的老吃客了。

不论大小酒家，第一个招揽生意的要素是女招待，她们的手段和面貌，完全可以影响店中的营业，所以有些大酒家，不惜重金聘用了许多美貌机警的女招待，再在报上登一段动人的广告，生意自会源源而来。这些女侍没有规定的服饰，尽可自由打扮。她们穿的衣服，质料不必讲究，式样必须入时，颜色也都非常鲜艳；有的更配上些高贵的首饰，外表完全和大家闺秀无异。我记得有一次去某酒家参加一个朋友的宴会，进门才坐定，就是一位艳服的女人送来一碟糖果，那时我还以为她是朋友的亲属，在帮着招待，不觉下意识直立起来，恭恭敬敬接受了过来。后来坐定一观察，才知她是女招待，也许她那里正在暗笑我不见世面哩!

她们遇到有大宴会的时候，预先排定岗位，分头招待，来宾一进门，当然捧茶递巾，殷勤一番。当坐席的时候，每桌要必定有一人负责伺候。每逢大汤鱼翅这类东西递上来，不劳客人动手，必须由她配给；谁一吃完，就再给他添上；总之，不会使客人停嘴，直到那个菜配完为止。不过从自己碗里，送自己口里，这段过程，还得自己动手。这种配给制度，使离菜远的客人不会觉得“鞭长莫及”，使贪吃的人不致抢菜，使胆小或客气的人，不致吃亏，尤其是那些口大肚大而又不好意思举着筷子连吃的人，觉得这样最是实惠，但是这势必消灭聚食的兴趣了。

如果不是宴会，而遇单身或是少数顾客去小酌，那么她们招待的妙术，就在这时应用了。要是顾客不十分高兴的话，她们至少不使他感到寂寞；要是顾客高兴，那么她们服侍周到的程度，也就随了客人的兴致而增加。很多女侍是歌女，甚至是妓女改充的，当豪客们酒酣耳热的时候，要求她们一献旧艺，也绝无吝色。她们的动机，谁说不是为了忠于职业——为她们酒家招揽顾客。那么，这种精神，谁又说不是可嘉的呢？去年，有一班好事者，闲得发慌，想找些事干，结果，选举了一位侍林皇后，买了些花篮花盾，堆满了她所服务的那家酒家的门前，放了一串长长的爆竹，完成了她的加冕典礼。这种淫靡的风气，不在奢华的上海滋长，而在广州盛行，却是一件奇事，也许这是受的香港的熏陶吧！

次要的招揽要素，才是酒菜问题。唯其因为属于次要，所以不大为人注意，当然在同业间，也没有竞争的需要。一般来说，大酒家的酒菜，未必比小酒家的好。粤菜在量的方面讲，比了沪菜轻得多了。我每次参加宴会，家里必定给我预备一些补充食物；这倒并不是我的胃口太大，可能是广东人胃口太小吧！在质的方面讲，除了几味别的地方所没有的特别菜外，猫、乳猪、猴子之类，唯有在粤菜中找得出，同时在粤菜中，也唯有这些东西算是上品。但是江浙人听了或许会咋舌，其实煮熟后，一样是菜，所谓可怕，无非是心理作用。譬如像蛇，普通都像鳝糊一样烧法，不过切成丝，比鳝糊里的更细，所以煮熟吃起来，除了滋味不同之外，根本和鳝糊没有什么分别。滋味鲜美与否，那看厨子的手法而定。我只觉得吃过蛇以后，嘴里留有一股清凉的味道，好像吃过些微薄荷一样。至于猫狗猴子之类，目前酒馆里不常有，除非特别定办。猫和狗，通常都是自己煮食，不必仰仗酒馆，尤其是狗，因为明令禁食，要吃也只能偷吃。据说狗肉很香，所以又叫香肉，能治疟疾；在抗战的时候，广东省政府内撤，正当那里疟疾流行，一时又无法措置大量药品，于是只得解禁食狗肉，结果确有相当成效。猴子很少人吃，从前听说广东人吃猴子，先是生吃它的脑子，然后烹煮，询之粤人，都说不听见这种吃法，毕竟这样太野蛮了。乳猪就是小猪，最大不过二尺长，再大就不够嫩了。它唯一的烧法就是烤：把整只乳猪剖腹去脏，放在火上烤得表皮发脆，颜色像叉烧那么鲜红就成。最好吃的，就是那层皮，既香且脆，但是不坚锐的牙齿，恐怕难以胜任。里面的肉，淡而无味，广东人自己也说不好吃，大概这是算作附属品的。广东的风俗，结婚的次日，男宅送乳猪到女宅，表明新娘婚前的贞操；沿流至今，变成不可不送，而且在喜酒筵席上，还必定有乳猪作为一道菜：讲究的酒家，先把那层脆皮除下，切成薄块，照旧覆在肉上，看去仍是完整的一只，递上席面，等客人吃完那层皮，拿下去剖割二层，另装碟子递上，第三次再把其余最次的肉装上，一连串好像在解剖室里实验。除了上述的那些嘉品之外，像龟、鹑、鹧鸪等也都算是很名贵的。

上海的酒菜，上菜是很有顺序的，最先总是四冷盘，大多是预先就摆在桌上，顺着是热炒，最后全鸡全鸭一类质量较好的，都算大菜。客人看见大菜上得差不多，就通知上饭，好像是剧终的尾声。但是粤菜里，却没有冷盘、热炒、大菜的分别，冷盘根本没有，一开始就是炒类，那些属于大菜之类的，也不一定放在最后，所以什么时候应该上饭，很不容易捉摸，而且等到上饭，往往已没有适于过饭的菜了。在散席前的一盆水果，却非常精美，冬天有橘、橙、香蕉，现在就有荔枝，过些时就有龙眼，都是应时的鲜果。如果说这是粤菜的尾声，那么比沪菜的强得多了！

粤菜到了上海，面目已经更改了，但是有青出于蓝之势。在质、量两方面，上海的粤菜都有胜过这里的。我不敢说我的感觉是绝对准确，但至少因为上海是文化萃集之地，什么都得讲究些哩！当然，想探求粤菜的真味的，又不是这样讲法了。

广东人有一种习惯，叫作饮茶，意思是上茶楼“饮茶”吃点心。他们以为每天上茶楼，是一件极普通的事，也有上了瘾的，每天早午晚上茶楼三次，好像成了功课，所以，茶楼的营业，可以和酒家并驾齐驱；因为这样，酒家大多兼设茶楼，而茶楼也大多就是酒家。许多穿着香云纱短衫裤的短打朋友，一早就到茶楼，向门前的报贩，租了一份报纸，到里面一坐，对着清茶读报，想用茶的清香，涤尽那弥漫着的火药味。未成年的小侍女们，托着饼点兜卖，茶客可以随意选食，也不用当时付钱，等到离座的时候，一起结账；凡是带着女友同去的，那时，就得小心，因为茶楼一看出他们的关系，很可能多算一些，那时男方绝不会细算，即使知道，也不肯因此争论，所以这种心理战术，十之八九，可获胜利。

广州的西餐馆并不多，但是都还像样，当然不能跟上海香港的相比。

南国的暑天，来临得特别早，但热度距离最高峰，还有一段路程。应运而生的冰室，现在正像雨后春笋，但因为它们随着暑热而消长，生命势必是短促的，所以规模都小得可怜，装饰也千篇一律，最注目的，是当门口的一座制冰大机器，那便是它们的大广告。

粤人日常的饮食，起初很多使我觉得新奇的，现在日子一久，也就“如入鲍鱼之肆”，非但不以为可怪，偶然也还模仿一下。

他们每天的餐数和时间，倒是很值得研究。最可怪的，是上午十点钟便吃午饭。我起初想：十二时吃的才是“午饭”，十时吃的一定称为“巳饭”，实实在在叫作“晏朝”。顾名思义，我觉得这两个字虽然有些意思，但是还不能十分满意。因为“晏朝”不过是晏的朝饭的意思——广东人虽没有这样解释过，而事实上很多人家的确没有早餐这一顿，必须空着肚子等晏朝的——而晏朝却是早、午两餐的混血儿，那么既可称为晏朝，为什么又不可称为“早午”呢？除非这也是沿用父系姓氏而假使早餐是它父亲的话。这些还得留待专家查考。他们的晚餐，受了晏朝的影响，不得不略为提早，普通都在四点钟左右。到了晚上，临睡之前，又有一餐奇怪的东西，叫作“消夜”。这一餐，类似点心，可是也不能缺少；夜间饿得睡不着觉，又是何苦来呢？至于消夜吃的东西，不外是馄饨啦，芝麻糊啦，绿豆沙啦……尤其是甜品，他们最喜欢。此外有一种叫“糖水”的，是用豆腐衣和白果煮成的甜汤，也是消夜的佳品。

看他们那种习惯，对于早起早睡的人，是不很相宜的，但是不妨把“消夜”改为“消晨”，那不就是吴的农村生活吗？现在广东人也大多已经改良，每日三餐的时间和北方无异，只是“消夜”仍旧省不了。

这里的菜场，从早到晚，都有市面，上午九十点钟和下午三四点钟较盛，因为主妇们预备午餐和晚餐，大多随时买菜，尤其是她们视晚餐较午餐重要，所以下午的菜市更盛。我曾经到菜市参观过，觉得水产物特多，尤其是鱼，种类繁多，不是生物学家，恐怕很难知道每一种的名称；什么大鱼、生鱼、鲩鱼、鲮鱼……上海人都听得到吗？是蟹都新鲜而价廉，鳝、鳖、龟、蛇也都很普遍。此外，有一种和蚯蚓相仿的东西，叫作“禾虫”，颜色像毛虫一样鲜艳斑斓，我从不曾尝过，因为不值得为了这使人作呕的小东西鼓起勇气来！蔬菜的种类比较少，很多吴中有的，而这里没有。如果是吴中有而这里也有的，成熟的季节比吴中为早，而且体态特大，初来的人，都不能认识。菠菜、苋菜、蕹菜都长二尺左右，茎的直径长约半寸，说它们是吴中产的祖宗也无不可。至于这里有而吴中没有的菜，也不胜枚举。我最喜欢“芥兰”和“白菜心”两种，鲜嫩而且清脆，可惜都要在秋季才有。夏季瓜类最多，胜瓜、节瓜、苦瓜，都是北方所没有的，但味都不佳，我倒很想念着上海的豆，毛豆、菜瓜，和夜开花呢！奇怪得很，面筋、百页和豆腐干一类可以自制的东西，这里都没有，不知他们不会做，还是不肯做；线粉只有上海运来的线粉干；总算豆腐衣倒会做，只是比百页还厚韧。

我记得上海的主妇都异口同声地说：“不会相骂，不会抢抢夺夺的，是不能上菜场的。”这种情形，在这里可说绝对没有。这并不是说这里的菜贩公道，他们也照样看人讨价，凡是穿得漂亮的人和外省人，都是他们敲竹杠的对象，讨价总在原价的两三倍以上，不过价钱一经讲定，称过重量，就再没有什么异议了；否则大家作罢，不可能有重讲重称，抢一把，饶一些的事情。同时买多买少，绝对自由，就像买一两半两猪肉，也不会给人笑话；如果买马铃薯或鱼，菜贩还可以代去皮；黄豆芽绿豆芽总是预先代你理得像火柴一般的整齐——这些在上海办得到吗？

这里家常菜的烹调法，也和江浙不同。大盏的鱼肉，通常很少见到，他们看见他省人用一斤肉做一个菜，都会耸肩。他们最喜欢把各种不同而量少的东西，东拼西凑，做成几个奇怪的菜，味道倒还可口。榄仁、杏仁、菱、藕，甚至药铺里的陈皮，都是他们做菜的好材料，这不由得不使我奇怪。他们每餐不能没有汤，因为在动箸吃饭之前，必须先习惯地喝几匙汤；如果同桌有客，那么主人必先招呼一声“饮汤”，客人即使不喜欢，也得勉强喝。这个汤是不放盐的，所以淡而无味，但是他们却口口声声地“好甜！好甜！”意思很鲜。如果发现是用猪肉煮的汤，那更视如琼浆，因为平常都是用蔬菜煮的，从汤中捞起，也算得一个菜，吃的时候，非蘸酱油不可。

主人或客人拿起饭碗，都要互相招呼一声“食饭”，主人招呼客人吃菜，就不说“请”而说：“起筷！”在几大碟正菜之外，往往有小碟腐乳、萝卜干或咸菜作为点缀，这个不伦不类的东西，我至今不明白有什么作用。

别看广东人常常从细处着眼，他们倒是极注重营养的。无论对于什么食物，都知道对身体的益处，什么补脑啦，补肾啦，补血啦……即使说不出一定补什么，也得说一声：“好有益嘅！”到夏天，就只听说什么解毒、去湿、清凉……吃到油煎或油炸的东西，只是摇头说：“好热气！”要是不幸生了热疖，准会说这是油煎物的毒素哩！

“吃在广州”这句话，不知羡煞了多少饕餮，可是我已吃住在广州一年有半，经验并不使我对广州有半点留恋。唯有那终年对着我的水果，一刻不停地甜润着我的喉舌，使我不忍向它们说一声“离别”，好吧，不妨长作岭南人吧！

（《新语》一九四七年第十二卷第十五期，原题《吃在广州》）

英　子：
好几家大酒家都兼营茶业，不惜工本

讲述人生平不详。

饮茶是我每天必不可少的享受，很久便（想）把这僻习戒除掉，但时常听饮酒和吸烟的朋友说：这既是日常唯一的嗜好了，如果说连这也解（戒）除掉，人生的趣味究竟在哪里呢？这似是而非之谈，竟使我一直把饮茶的习惯保留到现在。

饮茶在广州，我个人的经验也不少。就茶室论，从山泉味腴，茶香室的西关式，进化到半瓯式，以至到现在的红棉钻石式，我都一路看到它的变化。

茶楼呢？由“地档”以至到东南西北的高等茶 ×，傍及乐善戏院的廉价茶楼，四牌楼附近的多数风味的茶楼，泮塘一些有田道风味的茶楼，我也都尝遍了。

我认为：极闲暇时饮茶，宜于“郊原风”，不妨到小北茶寮去，吃碟青菜河粉。至于知友清谈，宜于“园林风”，现在如南园、西园、

六榕寺山门　摄于 1920 年代

银龙，还有这种风味可享客，从前六榕寺的“城市山林”，有斋点享受，为“园林风”的品茗佳处。宝华正中约的翩翩废园也不错，可惜现在没有了。

点心的变化，以茶室酒楼为烈，茶 × 是保守的。从前西关茶室的食品，务小务巧务精，吃得你舒服，但不容易令你吃到饱，这是几十年前的“贵族口味”。到了半瓯崛起，风味为之一变，渗入外江风味和西洋风味，是一个极大的改革，但自是以后，又转而驳杂不纯。目前的“贵族口味”，大都是不中不西，半瓯全盛时代的精纯制作已经丧失，而西关茶室的旧式贵族作风也已沦亡，所以有些香港客来到广州饮茶，竟会说广州点心退化了，像香港陆羽茶室那样的作品，在广州也没有。这话究竟对不对，让大家批评好了。

目前广州有好几家大酒家都兼营茶业，已取原日的地位而代之。论外表装潢，他们真是不惜工本，可是内里的家具，却教人不敢恭维。有时我把茶桌上的白布一掀翻，便会发现了一张原色的极粗劣的木桌，此所谓“金玉其外，败絮其中”。试看那些古式的大茶居，如巧心的满堂酸枝木，四壁所挂的并非赝品的古人书画，和多如楼的辉映全堂的满洲玻璃窗，却是何等的宽厚坚实呢？有人说：这是茶楼建筑形式的蜕变，也是社会物力由厚而薄的象征。这种蜕变是好是丑，当然有见仁见智的不同，但我个人认为不要看轻这些旧楼，将来广州尽有无数摩天高楼，但如此宽深的旧建筑物，除了求之于庙堂以外，便只好求之于大茶楼了。

广州士农工商，各聚于其所属的茶楼，此种也有阶级性。说到几个人的嗜好，则早茗三杯，必求于“窗明几净，水滚茶香”的老式大茶楼无疑。

许多人饮茶，觉得非走上最摩登的酒楼茶座不可，有些却爱旧式茶楼，反而觉得走上那些摩登茶座便不舒适。

我常常留心考察，摩登茶楼的顾客诚然是高雅的，不特衣衫整洁而华丽，就是说话的声音也文静的，一切的动作都是彬彬有礼的。随便吐痰的习惯，也不会常有。在那种环境里享受品茗之乐，本来未尝不好。

一般旧式茶楼的顾客，说话也许大声一点，不少人会无意中把足竖起，吐痰也是惯见的事，至于茶博士那种呼喊的竖音，更足以助长那嘈闹的气象。

照理说，前者无论如何会比较后者为胜，但是我在那些摩登茶×品茗时总讨厌那些女侍的种种作态之处，我常留意听那些高等顾客一本正经所谈的话，骨子里也有一些不堪入耳之言，他们也会窃窃私语某些女侍的姿态，或是暗中用隐语谈他们的赌经舞经。那些女侍柔声下气去侍奉客人，目的每在乎那一点赏钱，她们当“埋单”的时候所表演的殷勤，看来真不大顺眼。我并不愿以此怪责她们，她们所求的是金钱，有甚可怪责之处呢？但我们感觉到，那种饮茶的排场，其病也伪。旧式茶楼的喧阗嘈闹，并不为我所喜，那些随地吐痰者，高声谈话者，或目倾杯不屑傍骛的神态，亦自有其天真可爱之处。至于茶博士的旁若无人，以粗线条的作风去执行他们的职务，有时亦以“妩媚”可喜呢。故此，两者的作风，有得有失，社会的种种形相，我们从饮茶当中也可领悟不少呢。

（《溪角月报》一九四八年第二期，原题《饮茶在广州》）

秉　志：
千百种的美点听候着你去选择

讲述人生平不详。

上茶居去饮茶，在广州的生活中是一件颇值得回味的事。在山城住了几年，但对四川的茶园只有那恬适的竹靠椅，还值得泛起一丝旧忆；至于江南的茶楼，却几乎成了评理讲武之所，一进去那股嘈杂之声，就足够令人望而却步，华丽的音乐厅里，一杯浓茶亦足以令人陶醉，但这种清闲终究是属于少数人的。比较起这一些来，广州的茶居却是大异其趣。

广州的饮茶，严格地说来只能称为“早茶”，因为时间只限于上午十时以前，在这段时间内，你就可以找到一家什么楼或是什么居，跨了进去。事先，朋友们也许就会告诉你，每家茶居里层层的楼，每层都有着不同的价目，大概层数越高，价钱也较贵，每一层楼就有一个广大的厅堂，但如果你是一个爱清静的人，那里更有恬适的小房，或是汉宫秋苑似的亭园陈设，让你沉浸在一片美丽而飘渺的梦幻里，暂时与车马喧嚷的尘世隔绝。

进去后，你只消找个位子坐着，也不必出声，伙计自然会端来一壶龙井、普洱、水仙之类的茶给你，于是你就可开始耐心地等着，在厅里，这时伙计们正川流不息地抬了蒸笼，来往在喊那一长串点心的名称，譬如说：虾饺、烧鸭卷、大包、椰蓉饼……

你读过这样一个故事吗？据说古代有个阔绰的宰相，在用膳的时候，他就要许多侍姬各人端着盛满珍馐的盘子，一个个婀娜地由他的面前走过，他呢，偶尔高兴就朝盘里夹一两筷子……如今你也可以想象着豪迈地坐在椅子上，千百种美点这时就如流水似的在你面前经过，听候着你去选择。

但这里我得警告你：初尝的人们，千万别学得如狼似的贪婪，猫一样的无厌，你不妨悠闲地稍歇一下，斜靠在椅上望望周围的人，听听附近有什么趣谈，再不然就翻开你带去的书本读几页也好，往往只有慢慢地体味，才能深深领悟到其中的真意。

假如你无法抑止自己的食欲，一来就是狼吞虎噬即让桌上的碟子增加到一个吓人的数字，那我猜准你不久一定会后悔的，因为当你正感到适才空乏的胃已填塞得满满的时候，小巧的奶油饼、用荷叶包着的糯米鸡，却又开始在眼帘前诱人地移动，于是又惹起你的好奇心，也许你就从没有见到烤得如此精致的饼子，但那时你已无法消受了，或者勉为其难去尝一块吧，又恐怕满腔的食物会连细小的咽喉也给塞住了。这时你才肯想起我的报告，同时也开始若有所悟地叹一口气："凡事切莫操之过急！"

这里每家茶居，都保有几件他们驰名的杰作，每天都在一定的时间出笼，而且供给的量也有限；一个有经验的人就会清晰地知道，哪一家茶居可以吃到什么得意的东西，是哪一时间出笼，应该坐在什么地方取起来才最方便，但是这一切对于陌生的你，却只有眼巴巴望着，当蒸笼在你面前经过时，也许已空了，于是只有决心下次再来等，反正今天你已失去了机会。

上茶居与广州的早晨，几乎是不能分离的。初到时，你会诧异不多听得朋友们提起请你吃饭的话，而却是说去饮茶，但在广州多住几天，慢慢你也就会习惯了。于是清晨起来，第一件事便是忙着去上茶居，在那恬适而温暖的气氛里，度过这宁静而美丽的一刻，然后再开始辛勤的一天，最后或许你竟成为生活的一部分，一个不可分离的部分。但我仍要提醒你，别让自己显得太饕餮了，我们的先哲们无论做一件什么事，都爱“适可而止”。长者就会谆谆告诫我们年轻的小伙子：“饭和点心是应该有个分别，凡事不能本末倒置。”因此你总可听得别人问过你饭吃饱了没有？可就从没有人会问你：点心吃饱了没有？点心原来就只是来点点心呀。

（《工商新闻》一九四八年第六十八、六十九期，原题《广州的茶居》）

鹿　原：
吃，可以分为交际性、半交际性及纯享受性三种

讲述人生平不详。

“吃在广州”的原因，大抵由于广州的地理环境优越，它位处于南海口岸，与海洋通商最早，地近热带，气候良宜，因此舶来物品汇萃，海产种类繁多，瓜果蔬菜丰富，珍禽奇兽罗列。其他的一因素则为人民财力富厚，广州是华侨的故乡，且人民经商能力高强，民性明朗豪爽，一掷千金多无吝色，“吃”的艺术遂乃独步天下。

近日来穗之外省同仁甚多，将来也许有人陆续要来，兹谨就所知加以介绍，是否属实之处，当仍待欣赏者本人领略。

吃可以分为交际性、半交际性及纯享受性三种，因目的之不同，所趋之地点亦各异。

交际性的“吃”第一是宴会，最排场的要推南堤南园酒家，闻军政要人宴客系多假该地举行的，地擅园林之胜，陈设多古色古香。

若言新型者则以太平南路之钻石酒家及西濠口之大同酒家为最。邮局同仁最常见光顾的是中级的陆羽居及中下级的福馨酒家（在抗日西路）。广州菜之特色闻在于清淡新鲜，不类外省之多油而浓郁云云。

吃西餐以财厅前及第十甫之太平馆为最有名，驰名的是葡国鸡及烧乳鸽。长堤一带如新亚、蓝鹰、大公等餐室也很好，在沙面的胜利大厦，则有环境优雅之胜。

如要别开生面，可以到荔枝湾及东堤海面中的紫洞艇设筵，小酌亦可。郊外则小北各酒家，颇饶白酒黄鸡之兴。蛇宴则以桨栏路联春堂为老牌，蛇王满及联春馆也使得。

结婚及社团叙餐，人们多趋文德路的留美同学会、德奥瑞同学会，或留东同学会等，取其幽静廉宜，且席终尚可蓬拆蓬拆也。

交际除宴会外，莫佳于“饮茶”。每大酒家均设有茶市，以太平南路新亚酒店八楼之“八重天”为最高贵，每日衣香鬓影，后至者辄向隅。其次爱群酒店十一楼之茶市也坐得很舒服。中午的饮茶，广州人每每当作一餐饭：上焉者除吃点心之外，再点四热荤及一些卤味油鸡，然后佐以饭面；中焉者每人两件点心、一盅鸡饭（或一盘波蛋猪扒饭）；下焉者索性叫一碟牛腩饭及一个叉烧包子即了事。

最基本及最原始的点心是“干蒸猪肉烧卖”及“虾饺”，芋角及鸡蛋挞也很可口，其他不必多所领教。在早上饮茶，人们多喜吃“网油牛肉烧卖”，且有不少以此为号召者。

我们上班之前，除了在家弄点东西吃之外，吃的方式就是饮茶，否则就是到肉粥店吃一碗三及第粥（肉含猪肉丸、猪肝及粉肠）或牛肉粥，较为普罗的，则到白粥店吃白粥，佐以牛肉肠粉或油条等等。

晚饭小酌，各酒家均有“四和菜”为号召，价钱并不比小馆子贵，而有地方富丽陈设雅洁之妙。小馆子以十三行之利口福及兴记颇为驰名，他们以“凤城食谱”标榜，所谓凤城即顺德大良，以巧手见著，有炒牛奶、野鸡卷等特色。

外省同仁惯“消夜”吗？这即在晚上十点至十二点再吃一点东西的意思。此举全是奢侈的和不合卫生的，但许多人却成为习惯。消夜的方式各随其所好，有到（西）餐室吃咖啡西饼，有到饭馆吃饭，有到甜品馆吃牛奶（最好吃的是凤凰奶糊及窝蛋奶），较普罗性的甜品则为绿豆沙、芝麻糊及麻蓉汤圆，有些则吃碗鱼生粥，吃炒面，吃“干炒牛肉沙河粉”，吃云吞面及水饺。在戏院舞厅散场的时候，有时候也确需要医医肚子的。

上面所说是在外边吃的东西，在家里怎样吃法呢？广州俗话有“礼拜六，煲猪肉”之谚，即每一家庭每星期至少要煲猪肉汤一次，其目的在于清润，减少人体内的燥热。有些膳团且规定每两天煲汤一次者，为了适应南国的气候，广州视“汤水”为最要紧。

有人来家吃饭，以何者敬客呢？通常的方式是“斩料”，即赴烧腊店临时买些烧乳猪、叉烧、烧鸭、烧鹅、油鸡、卤味等加菜之谓，冬天则以蒸腊肠、金鸭润及腊鸭为宜。

此外饼食方面著名的有河南成珠的小凤饼、陈意斋的柳蓉酥及雀蓉酥、中山杏仁饼等等，这只有各适其适，各投所好了。“导食”就此完毕，如欲详尽，尽可再请教我这“老饕”吧。

（《邮汇生活》一九四九年第二十八期，原题《吃在广州》）

图书在版编目（CIP）数据

不妨长作岭南人 / 周松芳编. -- 苏州 : 古吴轩出版社, 2022.7
（城事百年 / 李继锋主编）
ISBN 978-7-5546-1903-2

Ⅰ. ①不… Ⅱ. ①周… Ⅲ. ①城市史—广州 Ⅳ. ①K296.51

中国版本图书馆CIP数据核字(2022)第021699号

责任编辑： 鲁林林
见习编辑： 刘雨馨
装帧设计： 鹏飞艺术
责任校对： 戴玉婷

书　　名： 不妨长作岭南人
编　　者： 周松芳
出版发行： 古吴轩出版社
地址：苏州市八达街118号苏州新闻大厦30F
电话：0512-65233679　　邮编：215123
印　　刷： 三河市中晟雅豪印务有限公司
开　　本： 889 × 1270　1/16
印　　张： 21.5
字　　数： 237千字
版　　次： 2022年7月第1版　第1次印刷
书　　号： ISBN 978-7-5546-1903-2
定　　价： 39.80元